成功する就活の教科書

幸せな人生キャリアのために

山岸慎司［著］

中央経済社

は じ め に

　私は大学生に，「就職活動は，お付き合いする彼氏・彼女を探すのと同じ」（同性が好きな人もいるかもしれないので，以下，「パートナー」と表現します）と話しています。

　大学生は就活を，入学試験のような「合格・不合格」で捉えがちです。しかし就活は，学生も企業も，お互いに良い相手を探し合い，出会う機会です。入試のように一方が合否を決めるのではなく，両者が相手を評価し合う「マッチングの場」，言い換えると，相性診断のようなものです。

　就活が男女の出会いに似ている点は，いくつかあります。まず，付き合う相手に出会うためには，自分が動かないといけません。教室で気になる人に声をかけたり，サークルに入ったり，出会い系アプリに登録したりしないと出会わないのと同じです。

　また，そもそも世の中にはどのようなタイプのパートナー候補がいるのかを知ることが必要です。その中で，自分の好きなタイプがわかっていないと，お付き合いできません。また，すべてのパートナー候補に会ってから決めるわけでもありません。何度か会ってみて，お互いが良いと思えばお付き合いできます。つまり，多くのパートナー候補に出会い，好きなタイプを明確にするために，インターンシップや説明会に参加すると思えばよいのです。

　一方，就活がパートナー探しとは違う点もいくつかあります。パートナーの場合，2人以上を同時に好きになると問題ですが（笑），就活の場合は，同時に何人（何社）を好きになっても構いません。なぜなら，相手企業も多くの学生を同時に好きになるからです。また，卒業という期限があり，それまでにとりあえず1人，付き合う相手を決めないといけない点も違います。

　就職が人生の大きな転機であることは確かですが，「一生の伴侶を決めなけ

れば」と考えると，決断しにくくなります。私が「とりあえず3年くらい付き合う相手を決めるつもりで，イヤならそこで相手を変えてもいいんだよ」と話すと，前向きな気持ちで就活に取り組める学生が多くなります。

　さて，日本社会はグローバル化，少子高齢化，技術革新などの大きな変化に直面しています。終身雇用と年功序列が基本であった日本企業は変化し，働く人は主体的にキャリアを形成することが求められています。

　本書は，大学生および同世代の若者が，就職活動にどのように取り組むか，その後の人生を幸せに送るためにはどうするか，そのベースとなる考え方をご紹介します。単なる就活のノウハウではなく，長期的なキャリア形成の指針になることを意識しています。

　多くの大学生のキャリア支援をする中で，特に私が気になっているのは，若者が将来に希望を持ちにくくなっていることです。多くの学生が将来を悲観的に考え，過度の安定志向になっている面があると懸念しています。本書は，若者が明るい未来に向かって，前向きな気持ちになることを意図しています。

　第Ⅰ部「21世紀のキャリアデザイン」では，若者が生きていく時代背景，キャリアの捉え方，仕事と雇用の変化，キャリアデザインの基礎理論についてまとめています。

　第Ⅱ部「成功する就職活動のポイント」では，最近の就活トレンド，自己分析・企業分析の方法，お勧めの業界・企業，エントリーシートのコツ，面接のポイントについて，実践的に説明します。

　第Ⅲ部「近未来社会と働き方の変化」では，ワークライフバランス，多様性（ダイバーシティ），テレワーク，ベンチャーやNPO，これからのキャリア開発について説明します。

　私は，東京経済大学で「雇用の変化とキャリア形成」「企業・業界分析」「経済記事を読む」という3つの授業の講師を務めています。また，国家資格キャリアコンサルタントとして，帝京大学，駒澤大学，東京大学などで，延べ数千人の大学生に就職支援をしてきました。本書は，これらの経験を大学生，若者

向けにまとめたものです。

　「成功する就活の教科書」として，大学生だけではなく，大学生の保護者，就職支援の教職員やキャリアコンサルタントの方々にも新たな気づきを得ていただけると思います。

　1章から20章まで，どこから読み始めていただいても構いません。本書が，皆さんの幸せな人生キャリアの参考になることを祈っています。

2024年1月

山岸　慎司

もくじ

第 I 部

21世紀のキャリアデザイン

第1章

大学生が生きていく時代とは

1　人生100年時代：「人生の主人公は自分」と考え，60年働く

　最近，「人生100年時代」という言葉をよく聞くようになりました。これは，2016年に，ロンドン大学教授のリンダ・グラットン氏らの著書，『ライフ・シフト　100年時代の人生戦略』が出版され，ベストセラーになったことがきっかけです。

　図表1-1は，この本で示されたキャリアモデルを，日本社会向けに模式化したものです。まず上段の「昭和時代のキャリアモデル（昭和モデル）」は，

図表1-1　人生100年時代のキャリアモデル「人生の主人公は自分」

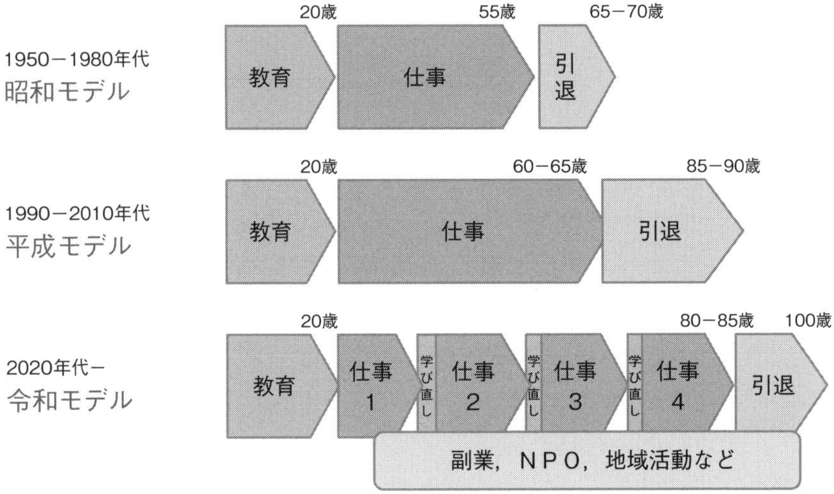

出所：リンダ・グラットン他『ライフ・シフト　100年時代の人生戦略』（東洋経済新報社，2016年）をベースに作成

大学生の皆さんのおじいさん・おばあさんの時代です。当時は，多くの人は20歳前後まで教育を受け，その後，企業勤めであれば定年の55歳まで30年余り働き，65〜70歳で寿命を迎えました。

　ここでクイズです。「アニメ "サザエさん" のお父さん，磯野波平さんは，何歳でしょうか？」。正解は「54歳」です。あの風貌のお父さんが54歳というのは，ちょっと驚きですよね。ちなみに，サザエさんも若くて，まだ24歳です。24歳の若さで，もう３歳の子ども，タラちゃんがいます。これは，サザエさんのアニメが，昭和の中頃（約60年前）にできたからです。当時は，会社の定年が55歳なので，波平さんはあと１年で定年退職を迎える，典型的な家庭のサラリーマンという設定でした。

　この頃は，戦後の高度成長期で，１つの会社，１つの職種で，あまり大きなキャリアチェンジをする必要もなく，新卒で入った会社に人生を預けていれば，平均的な幸せが手に入った時代でした。

　中段の「平成時代のキャリアモデル（平成モデル）」は，皆さんのご両親の時代です。平均寿命が大幅に伸びたため，20歳前後までの教育の後，定年も延び，60〜65歳まで約40年働くようになりました。引退後の余生も長くなり，85〜90歳で寿命を迎えるのが平均的です。現在の中高年の多くは，年金制度が危うくなり，定年延長や再雇用で，70歳以上まで働かないといけないという不安に駆られています。この世代は，女性は専業主婦の家庭が過半数でしたので，経済的不安も大きいのです。

　そして下段の「令和時代のキャリアモデル（令和モデル）」が，皆さんの時代です。詳しくは後述しますが，医療などがさらに進歩することで，先進国の平均寿命は100歳を超えると予想されます。仕事の期間も延び，20歳前後から80歳過ぎまで，約60年間，働く必要があります。昭和時代の２倍の期間，働くのです。

　寿命が延びて，長く生きられるのは，もちろん素晴らしいことです。そこで皆さんの世代に必要なのは，途中で何度か「学び直し（リスキリング）」や「仕切り直し」をして，別のスキルを身につけ，時代ニーズに合った仕事・職種に自分を変化させていくことです。ある仕事をしながら，副業で別の仕事を

したり，NPO（非営利組織）や地域でのボランティア活動をしたりすることで，次の仕事に必要な新しいスキルを身につけたり，人的なネットワークを拡げることができるかもしれません。

　グラットン教授は，この変化を「教育⇒仕事⇒引退」の３ステージから，「教育⇒仕事１⇒仕事２⇒仕事３⇒仕事４⇒仕事ｎ⇒引退」の「マルチステージ化」と述べています。

　つまり，１人ひとりが「人生の主人公は自分」として，100年生き，そのうち60年働くキャリアを主体的に考えることが必要なのです。これが，「人生100年時代」です。

2　正解のない「VUCAの時代」：臨機応変な対応力が重要

　VUCA（ブーカ）という言葉を聞いたことがありますか？　これは，変動性（Volatility），不確実性（Uncertainty），複雑性（Complexity），あいまい性（Ambiguity）の英語の頭文字をつなげたものです。VUCAは1990年代後半に，米国で軍事用語として使われ始め，2010年代になって，ビジネスでも使われるようになりました。

　1990年代以前の戦争は，Ａ国対Ｂ国の戦いでした。Ａ・Ｂ両国の本部が作戦を立て，現場の軍隊が作戦を実行していました。ビジネスも同様に，経営陣が戦略を立てて，現場が実行していました。軍隊もビジネスも，組織形態はピラミッド型で，指示命令系統がわかりやすいものでした。

　一方，1990年代後半に台頭したアルカイダ（注：2001年に世界同時多発テロを実行したイスラム過激派の国際テロ集団）のテロ行為を，米国とアルカイダの戦争と見た場合，以前のような戦いとは根本的に異なる状況でした。アルカイダの組織は，本部がどこにあり，実行部隊がどこにいるのかもよくわからないものでした。アルカイダの思想に同調した人たちが，同時多発的にテロを実行していました。これに対応する考え方として，VUCAという言葉が生まれました。

　グローバル企業では，数年前から，企業のマネジメント会議などで，この用

語を使い始めました。ビジネスでも，技術の進歩が急速で，グローバル化が進展し，将来予測が困難になっています。世界の市場は，不確実性や不透明さを増しています。企業は，この不安定な状況でも，経営判断をして，事業を成長させていかなければなりません。そこで働く個人も，それに対応できる能力を身につけなければ，生き残れないというわけです。

　著者は，2016年初頭に，当時勤務していたドイツ系企業のカナダで行われたグローバル会議で，この言葉に出合いました。そのとき，進行役が挙げていた近い将来の不確実性の要因は，「英国のEU離脱」と「米国トランプ政権の誕生」でした。ともに，そのときは，世界各国から集まっていた参加者のほとんどにとって「まさか本当に起こるとは思わない（起こってほしくない，考えたくない）こと」でしたが，その数ヵ月後に，両方とも現実の話になりました。その後，英国のEU離脱は実行され，米国のトランプ政権は「米国中心主義」が国際社会の批判を受け，4年で幕を下ろしました。

　さらに2020年には，「新型コロナウイルス感染症（COVID-19）のパンデミック」が起こりました。学校や企業のオンライン化が進み，東京五輪をはじめとするイベントは延期または中止になりました。そして，2022年2月には，「ロシアのウクライナ侵攻」が起こりました。世界中のエネルギー価格が上がり，平和維持のための枠組みが模索されています。これらはまさに，VUCAの時代の象徴です。

　では，個人はVUCAの時代に，どうしたらよいのでしょうか。不確実性，不安定性が高い時代に合わせて，不確実な事象に対応できなければなりません。絶対的な「正解（ベストな答）」は，誰にもわからないので，「最善と思われるベターな答」を探し，臨機応変に対応できることが重要です。また，個人のキャリアについても，時代の変化に対応して，柔軟に変化し続けることが大切になります。

3　日本人の平均寿命の推移：100歳以上が9万人以上に

　日本人の寿命がどのくらい延びてきたかを見てみましょう（**図表1-2**参照）。

終戦後すぐの1950年頃には，まだ平均寿命は男女とも60歳前後でした。1960年代の男性の寿命は，まだ65歳でした。その後，医療，衛生，栄養などが良くなり，どんどん寿命が伸びました。現在の平均寿命は，男女とも80歳を超えています。

図表1-2　日本人の平均寿命の推移

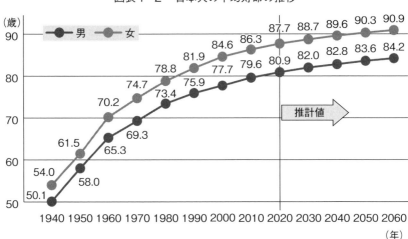

「人生100年時代」が現実的になってきた

出所：1950年および2011年は厚生労働省「簡易生命表」
　　　1960年から2010年までは厚生労働省「完全生命表」
　　　2020年以降は国立社会保障・人口問題研究所「日本の将来推計人口」から編集

　大学生の皆さんは，さらに寿命が延び，100歳近くになると予想されています。主な死因である悪性腫瘍（がん）や脳・神経系疾患（脳梗塞，アルツハイマーなど）の医薬品や治療方法が続々と開発されています。また，医療技術だけでなく，栄養科学・介護・リハビリテーションなどの領域も著しく進歩しています。皆さんの周囲でも，100歳を超える方が，あちらこちらで見られるようになってきたことでしょう。

　2023年9月1日時点の100歳以上の高齢者人口は，全国で9万2,139人になりました（住民基本台帳，厚生労働省データ）。100歳以上の人口は，1963年にはわずか153人，1981年でも1,000人でした。1998年に1万人を突破し，それから

25年で，9倍に増えたことになります。

　1節で，サザエさんのお父さん，磯野波平さんは54歳と紹介しました。昨年2023年に，波平さんと同じ54歳になった1969年（昭和44年）生まれの有名人には，次の人たちがいます。男性では福山雅治さん，的場浩司さん，加藤浩次さん，武豊さん，女性では有働由美子さん，森高千里さん，石田ゆり子さん，富田靖子さん。どの方もナイスミドルで，あと1年で定年を迎える波平さんのイメージとは遠いですよね。

　波平さんの時代と違い，現在の54歳は，まだまだ働き盛りということがわかります。皆さんは100歳まで生きるとすると，50歳で折り返し地点。54歳から先が40年以上もあるのです。長い人生を，楽しめる人になりたいと思いませんか。

4　少子高齢化の進展：若者は貴重なので，仕事はたくさんあるはず

　日本人の平均寿命が延びると同時に，生まれる子どもの数が減ってきています。終戦後のベビーブームの「団塊の世代」（1947年〜1950年頃生まれ）は，毎年260万人以上もいました。その子どもの「団塊ジュニア世代」（1971年〜1975年頃生まれ）も毎年200万人前後でした。

　しかし，現在の20代の若者世代は，120万人程度です。少子化は進み，2016年に生まれた赤ちゃんは100万人を切りました。そして2022年には80万人以下となりました。政府は少子化対策を打ち出していますが，すぐに効果が出るわけではありません。

　図表1−3は，総務省が発表している年齢別人口推計の推移です。下から二番目の層が15歳から64歳の「生産年齢人口」です。2060年に向けて，生産年齢人口が大幅に減少していくのがわかります。なお，これはOECDが世界で統計をとるための人口区分なので，先進国では15歳から20歳前後までは，まだ学生のことが多いでしょう。また，65歳以上で働いている人も多く，今後はさらに増えていくでしょう。この図から，生産年齢の働き手は貴重なので，仕事はたくさんあるはずということが，推察できます。

　また，1人の就職希望者（求職者）に対して，何件の仕事があるかを示す数

図表1-3　少子高齢化の進展

年齢別人口推計の推移

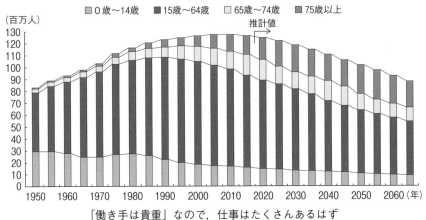

「働き手は貴重」なので，仕事はたくさんあるはず

資料：総務省「国勢調査」，国立社会保障・人口問題研究所「日本の将来推計人口」（平成29年推計）
（注）　1．2016年以降は，将来推計人口は，出生中位（死亡中位）推計による。
　　　　2．2015年までは総務省「国勢調査」（年齢不詳をあん分した人口）による。
出所：総務省

字を「有効求人倍率」といいます。式で書くと，「有効求人倍率＝企業からの求人の総数÷就職希望者数」です。つまり，有効求人倍率が1を超えると，仕事のほうが求職者より多い「売り手市場」になります。

　有効求人倍率は，基本的には景気の波と連動します。日本では，1990年頃のバブル経済の頃は，求人倍率が1.4を超えていました。その後，2008年のリーマンショック後は1を下回った年もありましたが，コロナ前の2019年はバブル期より高い1.6でした。コロナ禍で2021年は1.1に落ち込みましたが，2023年は1.3まで回復しています。

　最近は，「団塊の世代」が70歳以上になって引退したため，それを埋めるための人材が多くの業界で求められています。コロナ禍の3年間は，観光・小売り・外食などの業界が採用を控えましたが，2023年以降は慢性的な人手不足になり，近い将来の有効求人倍率は2を超えるのではないかといわれています。特に，成長性のある業界を志望する若手人材にとって，とても良い雇用環境が続く見込みです。

第2章

何のために働くのか

1　キャリアとは何か：人生はステージごとに役割の組み合わせが変わる

　これまでに何度も「キャリア」という言葉が出てきましたが，そもそもキャリアとは何を意味するかを確認しておきましょう。キャリアの語源は，古代ローマ時代のラテン語「carraria（車輪のついた乗り物）」といわれています。それが転じて，馬車などの車が通った跡（わだち）を，キャリアと呼ぶようになりました。つまり，「人が通った後に残るもの」がキャリアなのです。

　現在では，キャリアは狭い意味では，キャリアアップ，キャリアウーマンのように，「仕事，職業能力」を指します。広い意味では，キャリアプラン，キャリアデザインのように，「人が生涯に行う労働と余暇の全体」を指すようになりました。

　人は自分の将来を展望するとき，「自分は何をして来たのか」「これまでの経験を活かして，何ができるのか」など自分が通ってきた道（わだち）を振り返ります。そして，立ち止まったところが現在であり，それが未来へと続いていきます。つまり，「キャリアを考える」とは，「どのような人生を送りたいか」を考えることなのです。

　著名なキャリア理論家である米国のドナルド・E・スーパーは，ライフステージの概念を，成長期（0〜15歳），探索期（16〜25歳），確立期（26〜45歳），維持期（46〜65歳），衰退期（66歳〜）の5段階に定義づけました。また，キャリアを「人生のある年齢や場面のさまざまな役割の組み合わせである」と定義し，この概念をレインボー（虹）にたとえて説明しています（**図表2-1**）。

　つまり，人生における役割は，ライフステージごとに変化するさまざまな場

面，つまり家庭，学校，職場，地域社会などで演じられます。代表的な役割には，子ども（息子・娘），学生，余暇を楽しむ人，市民，労働者（職業人），家庭人があり，それ以外にもさまざまな役割があり得るのです。

図表2-1　ライフ・キャリア・レインボー

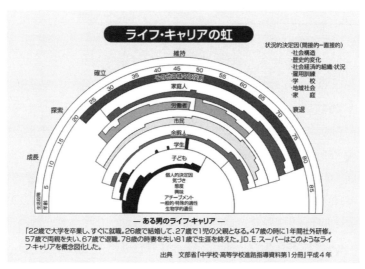

出典　文部省『中学校・高等学校進路指導資料第1分冊』平成4年

さまざまな役割は，重なり合ったり，相互に影響し合ったりします。ほとんどの人は，複数の役割を同時に行います。例えば，大学生は多くの場合，「学生，息子（または娘），余暇を楽しむ人，職業人（アルバイト）」の4つの役割をもちます。成人の場合は，「職業人，息子（または娘），市民，家庭人（親），余暇を楽しむ人」の役割をもつことが多いのです。

キャリアとは，「人生における複数の役割を，ライフステージに応じて組み合わせること」と考えることができます。人生の満足度を上げるには，この役割の組み合わせやバランス（力の入れ方）の最適化を，いつも考える必要があります。

2　なぜ働くのか：国民の義務，生涯賃金，ヒトの欲求の視点から

　なぜ人は働かないといけないのでしょうか。ここでは，3つの視点から，考えます。

　まず，「国民の義務」の視点があります。日本国憲法では，日本国民に3つの義務を定めています。「①教育の義務」「②勤労の義務」「③納税の義務」の3つです。教育の義務は，「すべての親は，子どもに普通教育を受けさせる義務がある」ということです。特に中学校までは，義務教育として，無償で授業を受けられることになっています。

　次の勤労の義務は，「すべての国民は，働く権利がある一方，その義務もある」ということです。国によって強制労働をさせられるわけではありませんが，国からさまざまな社会保障を受けるためには，できるだけ仕事をしてくださいという意味です。もし仕事をしている人であれば，その人が困ったときには，健康保険や失業給付など，国もいろいろな手助けをします。でも仕事もしないで，困ったときだけ国に頼るのは勘弁してね，ということです。

　そして最後の納税の義務は，「すべての国民は，社会を維持するために，適切な税金を払う義務がある」ということです。その人の収入や仕事に応じて，税金を納めることが定められています。つまり，働ける人はできるだけ働いて，税金を納めることが，豊かな社会を守り，発展させていくために必要不可欠なのです。

　次に，現実的な話として，生涯に得る合計賃金（生涯賃金）について確認しておきましょう。厚生労働省のデータでは，大卒男性（正社員，退職金を含む）の生涯賃金は，2億8,600万円です。大卒女性は2億3,600万円（同）です。現在のところ，女性は管理職や高度な専門職に就く割合が少ないため，男女の平均賃金には約5,000万円の差があります。将来的には，この差は小さくなっていくことでしょう。

　ここで知っておきたいのは，非正規社員の生涯賃金は，男性1億5,000万円，女性1億2,000万円，パートやアルバイトだと5,400万円に過ぎないということ

です。会社員の場合，正社員と非正規社員とで，収入に大きな差があります。若い時期には，正社員と非正規社員の賃金差は小さいですが，長期的には大きな差がつくことを認識しておきましょう。一般論としては，給与所得者（サラリーマン）になるなら，できるだけ正社員になるほうが，収入面では望ましいのです。

　最後に，「ヒトの欲求」の視点です。次の３節で詳しく説明しますが，ヒトの欲求には，低い方から，①生理的欲求，②安全の欲求，③所属と愛の欲求，④承認の欲求，⑤自己実現の欲求の５つのレベルがあります。

　現代社会においては，自分が働かなくても，①生理的欲求，②安全の欲求は，誰かに助けてもらえば，満たされるのかもしれません。したがって，ヒトが働くのは，③所属と愛の欲求，④承認の欲求，⑤自己実現の欲求，の３つを満たすためと考えられます。

　「自己実現」とは，「なりたい自分になる」ということです。どんなところに住み，どのような人と関わって生活をし，どんな仕事をして自立するのか。「なりたい自分」は，会社の偉い人かもしれないし，お金持ちかもしれないし，世界を飛び回ることかもしれないし，趣味に生きることかもしれません。人それぞれです。

　1人ひとりが「なりたい自分になる」ために働くのです。そして，「なりたい自分」を考えることによって，「やりたい仕事」を考えることができるようになるのです。

ワーク：「私はなぜ働くのか？」この問いについて，少し考えてください。（時間があれば，周囲の人と，意見交換してください。）

回答例）お金がもらえるから，働かないと生きられないから，楽しいから，誰かの役に立ってうれしいから，偉くなれるから，家庭をもちたいから

　何が正しいということはありません。本日以降，自分がなぜ働くのかについて，考え始めてみましょう。

3　仕事のモチベーションとは何か：マズローの欲求５段階説

　ここからは，仕事をするうえでのモチベーションとはどんなものかを考えます。モチベーションとは，人が何かをする際のやる気の源になる動機づけや目的意識です。

　モチベーションに関する有名な理論として，アメリカの心理学者エブラハム・マズローが1942年に発表した「欲求５段階説」があります。マズローによると，人の欲求は，低い次元のものから順に５つの階層で示されます（**図表２-２**）。

① 生理的欲求：食べたい，飲みたい，眠りたい，といった生物としてのヒトが根本的に持つ欲求です。

② 安全の欲求：危険のない場所に住みたい，安心して休みたい，といった安全な環境を求める欲求です。

③ 所属と愛の欲求：家族や会社組織などに所属したい，そこで周囲の人から愛されたい，という欲求です。

④ 承認の欲求：所属する集団で価値のある存在だと他者から認められたい，という欲求です。

⑤ 自己実現の欲求：自分の能力を引き上げたい，なりたい自分に近づきたい，という欲求です。

　低い次元の欲求が，ある程度満たされると，高い段階の欲求に移行していきます。この中で，①生理的欲求から④承認の欲求までは，「欠乏欲求（不足すると困るもの）」と分類され，「無いものを外部から補おうとする欲求」です。⑤自己実現欲求は，「成長欲求」といわれます。成長欲求は，ヒトが自分の能力や可能性を発揮したいという欲求です。

　従業員が高いモチベーションをもって働ける企業や組織は，③以上の精神的欲求を満たしています。③では「従業員がその組織に居心地よく所属できてい

図表2-2　マズローの欲求5段階説

出所：エブラハム・マズローの理論をもとに作成

ること」，④では「上司や同僚から認められていること」，⑤では「仕事を通じ
て実現したい方向（なりたい自分）に進んでいること」が大切です。

　もう1つの有名なモチベーション理論は，アメリカの臨床心理学者，フレデ
リック・ハーズバーグが提唱したものです。彼はモチベーションの研究を通し
て，人の職務満足に影響を及ぼす2つの要因を見つけ，「衛生要因」と「動機
づけ要因」と名付けました。

　衛生要因とは，不満足を規定するもので，具体的には会社の方針や職務環境，
給料，地位，上司・同僚・部下との人間関係などが当てはまります。動機づけ
要因とは，成果や社内の知名度，仕事内容，責任，意義ある仕事を任される，
個人的成長など，成長の実感が持てるものです。

　つまりヒトは，衛生要因に対する不満をいくら少なくしても，満足感を上げ
ることにはつながらず，不満足感を減少させる効果しかないのです。例えば，
給与が上がったり，肩書きが上がったりしても，満足感が上がるのは一時的で，
すぐに慣れてしまい長期的な効果は見込めません。真の意味で仕事の満足感を
引き出すには，「動機づけ要因」である個人の成長や自己実現に訴求する必要
があります。

4　外発的動機づけと内発的動機づけ：内発的は継続性が高い

　ここでは，動機づけ（モチベーション）について深く考えます。動機づけには，外発的動機づけと内発的動機づけの2つがあります。外発的動機づけとは，給与，地位，他人からの評価など，自分の外側から与えられる報酬です。一方，内発的動機づけとは，達成感，充実感，自己成長感など，自分の内面からわき出る報酬です。

　現代では，内発的動機づけのほうが継続性が高く，より重要といわれています。例えば，学生の皆さんが，アルバイト先の居酒屋で時給が1,000円から1,050円に上がったとします（外発的動機づけ）。数日間は，アルバイト先が自分を認めてくれたことがうれしくて，張り切って仕事をするかもしれません。でも，そのモチベーションは，長くは継続しないのではないでしょうか。時給1,050円が当たり前になってしまうからです。

　では，どのようなことで，居酒屋のアルバイトのモチベーションが高まるでしょうか。例えば，店長さんに「今日もよく頑張ってくれてありがとう」と言われたり，常連のお客さんに「今日もおいしかったよ」と言われたり，同僚の仲間と忙しい時間に助け合って「今日は忙しかったけど，何とか乗り切れたね」と笑顔で語り合ったり，といった職場だと，また頑張ろうと思えるのではないでしょうか。内的動機づけのほうが，継続性が高いことがおわかりいただけたでしょうか。

　モチベーション理論で有名なエドワード・デシという米国の心理学者が，内発的動機づけを高める要素を挙げています。①主体性（自己決定感），②有能感，③関係性の3つです。

① 　主体性（自己決定感）とは，「主体的に行動し，自分で判断し，自分の活動のやり方を自分で決定できると感じられること」です。「誰かにやらされている」のではなく，「自分からやっている」という感覚です。

② 　有能感とは，「仕事を通じて成果を出し，自分の能力の向上や能力自体へ高い評価をしている」感覚です。言い換えると，「誰かの役に立って

いると感じられる」ことになります。

③　関係性とは,「周囲と良好な人間関係を構築し,共同で仕事を行える」
　状態です。どの職場においても,人間関係が大事なことは,皆さんも想
　像がつくのではないでしょうか。

仕事においては,この3つの要素が満たされていることが,モチベーション
を維持するために重要なのです。

5　自分に適した仕事の探し方：自分だけの花を見つけよう

どうしたら「自分に適した仕事」を探せるのでしょうか？　それには,**図表
2-3**の3つの問いについて考えて,できるだけ重なり合う部分を探すとよい
といわれます。

1つめは,「自分にできることは何か」という,能力や才能に関する問いで
す。わかりやすい例としては,野球をしている学生がプロ野球選手になれるか
どうかは,ある程度,見極めがつくことが想像できるでしょう。

しかし,スポーツ以外については,若い皆さんは,まだこれから勉強し,さ
まざまな経験をして能力を大いに伸ばせるはずです。「自分がうまくできるこ
とは何か」「誰かからほめられたことは何か」を考えてみましょう。自分の能
力や才能を過小評価する必要はありません。「努力すれば可能になること」は,
自分が考える以上にたくさんあります。

2つめは,「自分は何がやりたいのか,何に意味を感じるのか」という,動
機づけや価値観に関する問いです。「自分がワクワクすることは何か」「自分が
人生で大切にしたいことは何か」を考えてみましょう。まだ1つの方向性に絞
れない人も多いでしょう。現時点では,興味や好奇心は,いろいろあってよい
のです。

そして3つめは,「社会が求めていることは何か」という,仕事のニーズに
関する問いです。就職については,仕事が無いと応募できません。時代に合っ
た仕事のニーズがあるかどうかは,意外に重要です。例えば,私の大学での専
門は昆虫でした。昆虫が大好きでしたが,就職活動のとき,昆虫に関する仕事

図表2-3　自分だけの花をみつけるために

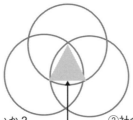

①自分にできることは何か？
　（能力，努力すれば可能なこと）

②自分は何がやりたいか？
　何に意味を感じるのか？
　（動機づけ，価値観）

③社会が求めていることは
　何か？（時代に合った仕
　事のニーズ）

この3つの問いの答えが重なり合った領域が，自分だけ
（オンリーワン）の花。キャリアデザインとは，この3つの
問いを，生涯にわたって，自問自答していくこと。

はほとんど無いことに気がつき，ガッカリしました。結局，昆虫の仕事にはご
縁がなく，植物に関する仕事（農薬の1つである除草剤の開発）で社会人にな
りました。

　この3つが重なった部分が，その人に適した仕事であるといわれます。ただ
し，これが明確ではない人も多いと思います。あとで軌道修正してもよいので，
だいたいの方向性を決めて，歩き始めてみましょう。

　『世界に一つだけの花』という大ヒット曲があります。この曲には他の人は
気にしないで，「1人ひとりの個性を活かし，自分だけの花を咲かせよう」と
いうメッセージがあり，人々の共感を呼んだのだと思います。3つの問いの答
えが重なり合った部分が，自分だけのオンリーワンの花ということです。

　キャリアデザインとは，この3つの問いを生涯にわたって自問自答していく
ことです。社会人になった後に，「自分に適した仕事」が変化していっても構
わないのです。

ワーク：3つの問いについて，自分の考えをメモしてみましょう。

■自分にできることは何か

■自分は何がやりたいか，何に意味を感じるのか

■社会が求めていることは何か

第3章

雇用とキャリアの変化

1　人気業界の変化：時代の大きな流れをつかみたい

　若者の就職先として人気のある業界は，時代とともに変化していきます（**図表3-1**）。終戦後すぐの1950～60年代には，石炭，三白（セメント，砂糖，製紙），鉄鋼，合成繊維などの素材系産業が日本の復興を支えました。今では想像ができませんが，大学生の祖父母世代の就活では，石炭や鉄鋼の企業が最も給料が高く，トップ大学のエリート学生は，それらの企業を目指したのです。

　1970～80年代には，石油化学，自動車，白物家電，銀行，大規模小売（スーパー），百貨店などが，日本の高度経済の成長を推進しました。これらは大学生の親世代が社会に出た頃の人気業界ですが，今では多くの企業は元気がありません。

　私は1988年に石油化学の会社（三菱油化）に入社しましたが，特に70年代前半までは大人気で，当時入社した先輩たちは，各大学のトップクラスの成績でなければ入れなかったようです。石油化学は，今では地球温暖化防止の「脱炭

図表3-1　人気業界は時代とともに変わる

1950～60年代：石炭，三白（セメント，砂糖，紙），鉄鋼，合成繊維
1970～80年代：石油化学，自動車，白物家電（TV，洗濯機，冷蔵庫），銀行，証券，大規模小売（スーパー），百貨店
1990～00年代：エレクトロニクス，通信，旅行，マスコミ，航空，医薬，人材サービス
2010年代～　：IT，インターネット，エンターテインメント，コンサルティング，ヘルスケア，不動産

素」の流れの中で，将来性が低い衰退産業になっています。

　同じように，テレビ・洗濯機・冷蔵庫などの白物家電，銀行，証券，スーパーマーケット，百貨店なども，80年代は大人気でしたが，90年代以降は企業合併や事業売却が進み，あるいはネットビジネスに顧客をとられ，往時を見る影もありません。

　日本が低成長時代に入り，グローバル化が進んだ1990〜2000年代は，エレクトロニクス，通信，旅行，マスコミ，航空，医薬，人材サービスなどが人気産業になりました。そして，2010年代以降は，IT，インターネット，エンターテインメント，コンサルティング，ヘルスケア，不動産などが人気です。

　話をもどすと，私は石油化学会社の新規事業部門（農薬）に入社しました。これは，業界の選択という意味では，大失敗でした。石油化学は，当時すでに成熟期で，入社5年後の1993年には，新規事業の農薬部門は売却され，本体の三菱油化も，三菱化成という大きな化学会社に吸収合併されてしまったからです。

　その後，私はコンサルティング，ヘルスケア（検査機器，医療機器）などの成長業界に仕事を得てきました。世の中の業界の変化は，個人の努力ではどうしようもありません。時代の大きな流れを捉えて，成長していく業界，すなわち仕事がある業界を，見極めていくことが必要です。

2　テクノロジーの進歩：新しい機械を使いこなそう

　図表3-2は，テクノロジーの進歩を，私の年齢とともに振り返ったものです（私が個人的にその製品・技術に出合った年齢なので，開発された年を正確に示したものではありません）。

　私の世代は，戦後の高度成長期に育ったので，いろいろな電化製品が出てきて便利になったことを覚えています。白黒テレビの購入は記憶にありませんが，8歳（小学2年）のとき，家にカラーテレビやステレオが来たのは鮮明に覚えています。17歳（高校2年）にはウォークマン（携帯型カセットデッキ）とテレビゲームが登場し，大学生のとき初めてファミコンで遊びました。

図表3-2　テクノロジーの進歩（山岸の年齢）

```
1964年（2歳）   白黒テレビ，電気洗濯機，電気冷蔵庫
1970年（8歳）   カラーテレビ，ステレオ，エアコン，カセットテープ
1979年（17歳）  ウォークマン，テレビゲーム，電卓
1983年（21歳）  CD，ファミコン
1986年（24歳）  ワープロ，家庭用ビデオカメラ，オートマ車
1988年（26歳）  デスクトップコンピューター
1997年（35歳）  パソコン，インターネット，電子メール
1998年（36歳）  携帯電話
2001年（39歳）  Google検索，Amazon書店，カーナビ
2011年（49歳）  Facebook
2014年（52歳）  スマートフォン
2022年（60歳）  ChatGPT
⇒  新しいテクノロジーは，これからも生まれ続ける。ヒトは機械を使いこなす
   必要がある
```

　私は1987年後半に，東京大学大学院で修士論文を書いたのですが，当時はまだワープロは研究室に1台しかなく，それを使わせてもらえるのは教員と博士課程の学生だけでした。したがって，修士学生の私は200枚の論文を鉛筆で手書きし，コピーして提出したものです。今では想像できないことです。

　その後，社会に出て，1995年にマイクロソフト社がWindows95を開発し，そのWindows95を搭載したパソコンが会社から支給されたのは，1997年（35歳）です。世界中の人が，この時期にインターネットと電子メールを使い始めました。

　21世紀になって，GAFAと呼ばれるGoogle（検索エンジン），Apple（スマートフォン），Facebook（SNS，現在はMeta社），Amazon（書店から始まった電子商取引）が台頭し，世界の人々の生活を変えました。そして，2022年に登場したChatGPTは，今後の人類に大きな影響を与えるかもしれません。

　過去60年間には，このようなテクノロジーの進歩がありました。どの機械や道具も，発売当初は使い慣れずに苦労した人も多いと思います。パソコンが会社から支給された頃，当時50歳代だった私の上司は，「オレはこんなモノは使

わん」と言って，頑固に手書きを貫こうとしました。でも，パソコンが使えないと仕事にならないことがわかり，1年後には何とか使えるようになっていました。

　皆さんは，これから約60年，社会で働いていきます。新しいテクノロジーは，これからも生まれ続けるでしょう。ヒトは，新しい機械を怖がったり，回避したりするのではなく，使いこなしていく必要があるのです。

3　事業ライフサイクル：4つの段階を理解しよう

　ここでは事業ライフサイクル（誕生から衰退まで）について説明します。それぞれの企業や事業には，ライフサイクルがあり，①導入期，②成長期，③成熟期，④衰退期の4つの段階に分かれます（**図表3-3**）。同様の事業を行っている企業の集まりが「業界」なので，これは業界にも当てはまります。

①　導入期：新しい事業（ビジネス）を立ち上げ，市場性を模索している段階です。少数の先駆的（パイオニア）企業が，顧客ニーズを把握し，製品やサービスを作りこみ，市場の拡大を目指しています。AI（人工知能）活用，メタバース関連，次世代自動車，ドローン輸送，新エネルギーなどの新技術を活用した事業がこの段階です。

②　成長期：新しい事業が顧客に受け入れられ，市場が急速に拡大していく段階です。多くの企業が新規参入し，製品やサービスが多様化し，売上が成長する一方で，競争も激しくなっていきます。多くのIT系・ネット系の事業，医療系やシニア層向けのサービスなどがこの段階です。

③　成熟期：市場の拡大が緩やかになり，売上や利益が安定する時期です。売上金額や市場シェアを伸ばせる「勝ち組企業」と，そうではない「負け組企業」に分かれていきます。日本国内の多くの事業は，長い成熟期を迎えています。国内人口が減少し始めているため，小売業，飲食業をはじめとする消費財系の事業は，成

図表3-3　業界・企業のライフサイクル

①②の会社は成長して楽しい（IT系，ネット系，医療系，シニア向け，海外向け等）
③④の会社は将来性が乏しい（百貨店，外食，造船，銀行，小売，B2C全般）

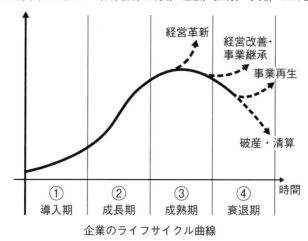

企業のライフサイクル曲線

熟期から衰退期に向かいつつあります。

④　衰退期：市場が縮小していく時期です。それぞれの企業は，買収や企業
　　統合といった経営革新や他事業への展開などで再成長を目指し
　　ます。市場全体が小さくなっていくため，売上は減少傾向で，
　　最悪の場合には，経営破綻が起こります。百貨店（デパート），
　　外食産業，造船業，地方銀行などがこの段階といえるでしょう。

　導入期，成長期の事業は，社内に活気があり，個人の経験としてもプラスに
なることが多くあります。一方，成熟期の事業は，当面は安定しているかもし
れませんが，将来は明るくありません。衰退期の事業は，新たに就職や転職を
検討する対象としてはお勧めしません。

4　成長業界の7つのメリット：自分の市場価値を上げやすい

　私は若い世代の就職先としては，事業ライフサイクルにおいて「成長期」に

ある業界・事業をお勧めします。なぜ成長業界に就職するとよいのか，7つの
側面から説明します。

① 前向きな仕事が多く，やりがいを感じやすい

　　成長業界では，売上を伸ばす，新規顧客を獲得する，新人を採用する，
新システムを導入するといった前向きな仕事が多くなります。こういった
仕事は楽しく，やりがいを感じられます。逆に，成熟期以降の事業では，
既存顧客を競合に取られないように守る，何とかして利益を確保する，ム
ダのある組織を統合するといった後ろ向きの仕事が多くなりがちです。

② 将来性のある知識・スキルを身につけられる

　　成長業界で働くことにより，将来性のある良い経験ができ，長く使える
知識やスキルが身につきます。例えば，同じ営業でも，ITサービス，電
子部品，医療機器，人材サービスなどの業界で働くと，成熟業界で働くよ
りも，将来にわたって需要のあるスキルが得られるでしょう。

③ 実績（数字）を作りやすい

　　新規顧客の開拓を○○件行った，売上を前年比△△パーセント上げた，
新サービスの企画を行い成功させた，といった実績を作りやすいのも成長
業界です。数字で説明できる実績は，履歴書に書ける成功体験として，一
生の財産になります。

④ 年収がアップしやすい

　　企業が成長していくと，社員の年収レベルも上がっていくことが一般的
です。特に成長業界では，優秀な社員を採用し，競合企業に転職されない
ようにする必要があるので，毎月の給与以外にも，業績連動型の賞与など
の仕組みがあることも多いでしょう。

⑤ 若手採用が多く，上位ポジションに昇格しやすい

　　市場が拡大している業界では，どんどん若い社員を採用します。そのた
め，リーダー，主任，マネジャー，部長といったポジションに昇格しやす
くなります。部下を持つことは，リーダーシップ，指導，評価を実践する
好機になります。逆に成熟企業では，40歳になっても同じ部署に後輩が
入ってこないという状況もよくあります。

⑥　職場に活気があり，雰囲気が良いことが多い

　　私は成長企業の研修講師をする機会がよくあります。どの会社も，やる気のある社員が多いためか，明るく活気があります。仕事は忙しいのかもしれませんが，それ以上に，企業の発展を通じて，個人の成長を日々の仕事で実感できるからだと思います。

⑦　転職市場での価値が上がりやすい

　　最後に，成長業界で働くと，新しく参入する企業が多いため，その業界の経験者は貴重になります。時代のニーズに合った経験・スキルを持っていることで，転職先も多くあります。市場価値がある人材として，転職を機に年収やポジションを上げることも大いに期待できます。

　私自身，何度かの転職活動のとき，コンサルティングやヘルスケアなどの成長業界では，中途採用のポジションを見つけやすかった経験があります。将来性を重視するなら，成長業界に就職することを強くお勧めします。

5　雇用システムの変化：メンバーシップ型からジョブ型へ

　従来の日本企業の典型的な人事制度は，「メンバーシップ型雇用」といわれます。ある企業に採用されると，定年までメンバーとして認められます。会社が配属を決め，本人の希望を聞いてくれる場面もありますが，基本的には会社主導で人事異動や転勤が決まります。長期間の人材育成の仕組みがあり，年功序列で少しずつ昇給や昇格があります。「新卒正社員の男性」が中心の同質性の高い組織で，安定した経営環境には適していました。

　メンバーシップ型雇用では，組織のメンバーであることに価値があるため，職務内容はあいまいなことが多いという特徴があります。ある部門のメンバーは，1人ずつの職務が明確に定まっていないため，全員で協力し合って成果を出すことが求められます。そのため，長時間労働になりがちで，日本の生産性が先進国最低レベルになっている原因の1つといわれています。

　一方，「ジョブ型雇用」は，欧米企業では主流の人事制度です。私は5社の

外資系企業の日本法人に勤務しましたが，すべてジョブ型でした。日本企業でもジョブ型に移行する企業が少しずつ増えています。ジョブ型は，社員の職務内容が明確である点が，メンバーシップ型と異なります。各自の仕事が「職務記述書（ジョブ・デスクリプション：JD）」に詳細に書いてあります。JDは，「この役割・仕事内容に対し，会社はこれだけの給与を支払う」という会社と個人の契約書のようなものです。

　ジョブ型雇用は，現代の変化に富んだ経営環境に適しています。また，多様な人たち（中途入社，女性，外国人，シニア，障がいのある人など）が活躍しやすい組織にすることができます。人事異動や転勤は，希望しない限りありません。長時間労働ができなくても，その人に与えられた仕事をきちんとしていれば適切に評価されます。したがって，ワークライフバランスは良いことが多いです。ただし，年功序列ではないので，自分でスキルアップの努力をしないと，昇給や昇進はメンバーシップ型ほどには期待できません。

　現在，日立製作所，富士通，資生堂，三菱ケミカル，パナソニック，双日などがジョブ型を導入し始めています。多様な人材の活躍が期待できるため，今後はジョブ型に移行する企業が増えていくでしょう。

6　キャリア意識の変化：登山型からハイキング型へ

　日本人のキャリアに対する意識も変化しています。キャリア研究で有名な慶應義塾大学の花田光世名誉教授は，「人生100年時代において，日本のキャリア形成は"登山型"から"ハイキング型"へ移行する」と説明しています（**図表3-4**）。

　これまでの日本企業は，終身雇用，年功序列，男性中心という価値観のもとで，1つの高い山を全員で長期間かけて，ときには歯を食いしばって登るという，「登山型の論理」でした。会社はたくさんの階層を用意し，全員がその階層を一歩ずつ，長期間かけて上がっていくという仕組みでした。

　会社は，社員のモチベーションを管理するため，少しでも高いポジション・等級，それによる少しでも高い給与や役割を与えてきました。多くの社員は，

図表3-4　キャリアの変化：登山型からハイキング型へ

登山型の論理	ハイキング型の論理
・従来の日本企業の典型的な人事制度の根幹 ・全員が同一組織内で，同じ高い山へ（歯を食いしばって）登る ・細かい階層があり，階層を少しずつ，長期間で上がっていく ・少しでも高いポジション・等級を目指し，それにより少しずつ高い給与や役割が与えられる	・今後，あるべき人事制度の考え方 ・個人のキャリアプランに合わせて，進む方向性を選べる ・組織はフラットな階層で，毎日を歩き続けながら，歩む道の変化や多様性などを愉しむ ・個々の能動的な行動や，学ぶ意識を保つことが大切

出所：慶應義塾大学 花田光世名誉教授講演（2018年12月）より抜粋，編集

　一生を同じ会社で過ごし，社内でのキャリアアップを目指し，長時間残業や転勤もいとわないことで，この仕組みが維持されてきたのです。

　しかし，この仕組みは，会社が右肩上がりの給与や高い役割・肩書きを与えられなくなった現在，崩壊しつつあります。給与が上がらないのに，長時間労働や転勤だけが残るような会社では，社員のモチベーションが上がらないからです。

　花田先生の表現では，今後は，昇進・昇格なしに，長い期間，特定の仕事をしっかりと行い続けることが求められる時代になるといいます。つまり，よりフラットな階層の中で，毎日を歩き続けながら，自分の歩みそのものと，歩んでいる道の変化や多様性などを愉しむという「ハイキング型の論理」に変わっていくのです。

　また，今後の日本企業は，女性，シニア，外国人，障がいのある人など，多様な社員が働きやすい組織に変化する必要があります。そこでは，必ずしも全員が，昇進や転勤を受け入れる必要はありません。会社がキャリアプランを与えてくれる代わりに，各個人が生涯の自律的なキャリア作りを考えることが重要となります。

　ハイキングを愉しむというイメージは，決められた道を決められたスピード

で，同じ目標に達するために歩かされているのではありません。自分で歩む方向を決め，砂利道，山道，でこぼこ道などに出くわしながら，道の周囲の景色や道ばたの花を愉しみ，ときにはジョギングしたり，ゆっくり歩んだり，自分のペースをコントロールして歩くのです。

　会社としては，登山型の論理では，長期的にモチベーションを管理する標準的な人事施策が重要でした。一方，ハイキング型の論理では，1人ひとりの視点に立ったキャリア開発とキャリア充実への支援が重要となります。この流れで，個人の希望に沿ったキャリア支援に力を入れている企業は増えています。就活において，企業選びのポイントの1つになると思います。

第4章

消える仕事，新しい仕事

1　近未来の日本「Society5.0」：仮想空間と現実空間の融合

　本章では，社会の変化とともに消える仕事と新しく現れる仕事について説明
します。まず，日本政府は，日本が目指すべき未来社会として「Society5.0」
というコンセプトを提唱しています。これは，狩猟社会（Society 1.0），農耕
社会（同2.0），工業社会（同3.0），情報社会（同4.0）に続く，新たな社会を意
味します。

　Society5.0は，「仮想空間（サイバー空間）と現実空間を高度に融合させた，
人間中心の社会」といわれます（**図表4-1**）。2018年に内閣府が発表した動画
では，ドローンで宅配便が山奥まで届けられたり，スマート家電が発達して冷
蔵庫が在庫管理をしてくれたり，遠隔医療で自宅から医師と相談できたり，自
動運転のトラクターが農業をやってくれたり，無人バスが運行したりという場
面が示されています。これがまさに近未来の社会のイメージです。

　これまでの情報社会（Society4.0）では，コンピューターの活用により高度
な知識や情報は増えましたが，それぞれの組織で個別にデータを保有し，共有
されていませんでした。Society5.0では，現実空間からセンサーなどにより自
動的に膨大な情報がサーバー空間に集積され，共有されます。集められたビッ
グデータを人工知能（AI）が解析し，その解析結果が現実空間の役に立つよ
うな形でフィードバックされます。

　この仕組みにより，社会全体の最適化が進み，経済発展と複雑化する社会的
課題の解決を両立できると期待されています。例えば，世界が経済発展してい
くと，エネルギーの需要増加，食料の需要増加，人口の高齢化，国際競争の激

図表4-1　近未来の日本「Society5.0」

テクノロジーで，すべての人とモノがつながり，新しい価値が生まれる。

出所：内閣府動画　https://www.gov-online.go.jp/cam/s5/

化，富の集中と地域間の不平等といった問題が起こります。また，温室効果ガスの排出削減，食料の増産やロスの削減，富の再配分や格差是正といった世界共通の大きな社会課題もあります。これらを解決するために，IoT，ロボット，AIなどの先端技術をあらゆる産業や社会生活に取り入れ，多様なニーズに対応したモノやサービスを提供できる社会を目指すという考えです。

　夢物語のように感じる人もいるかもしれませんが，人類はこれまでも新しい技術を発明し，社会を進歩させてきました。若い世代の皆さんは，パソコン，インターネット，スマートフォンがなかった時代を想像できないと思います。しかし3章で説明したように，パソコンが1人1台に普及したのは1990年代後半です。そのきっかけは，マイクロソフト社のWindows95というOS（オペレーティングシステム）が開発され，インターネットへのアクセスが容易になったためです。まだ約25年しか経っていません。

　スマートフォンが日本で発売されたのは2008年で，まだ15年です。それ以前は，今ではほとんど見なくなった二つ折携帯電話（ガラケー）でした。その携帯電話も，1990年代に普及したものなので，それ以前は，人々は外出すると公衆電話で連絡をとっていました。

そう考えると，10年後，20年後には，いろいろなテクノロジーがさらに開発され，社会や働き方も変わっていきそうです。

2 仕事はどう変わるのか：消える仕事，新しい仕事

大学生の皆さんの中には，「多くの仕事が人工知能（AI）やロボットに変わってしまうのではないか」と不安に思っている人もいるかもしれません。

2011年，ニューヨーク州立大学のキャシー・デビッドソン教授が，「現在のアメリカの小学校に入学した子どもたちの65％は，今は存在していない職業に就くことになるだろう」と指摘しました。これは日本でも紹介され，広く話題になりました。

「65％」の確からしさはともかく，過去20年余りの期間に，パソコン，インターネット，スマートフォンの普及で，多くの仕事が創出されたことは明らかです。次の20年には，AI（人工知能），自動運転，VR（バーチャル・リアリティ）などの技術革新によって，社会に必要とされる仕事が急速に変化していくことは確実でしょう。

また，英国オックスフォード大学のマイケル・オズボーン准教授が，今後，10〜20年で約半数の仕事が自動化される可能性を示しました。それを受け，日本の野村総合研究所がオズボーン氏と共同研究を行い，「人工知能やロボット等による代替可能性が高い100種の職業」を発表しました（**図表4-2**）。

この研究によると，深い知識・スキルが求められない職業，繰り返し操作が主に求められる職業は，人工知能などで代替できる可能性が高い傾向が確認できました。例えば，一般事務員，受付係，警備員，工場の作業員などは，すでに機械に置き換わってきています。

一方，この研究では，芸術や哲学など抽象的な概念を創り出すための知識や感性が要求される職業，他者との協調，他者の理解・説得・交渉，サービス志向性が求められる職業は，人工知能での代替は難しい傾向があることがわかりました。例えば，何かを創り出す人（アーティスト，クリエイター），高度な営業や販売ができる人，経営や人材に関するコンサルタント，心理カウンセ

図表4-2　代替可能性が高い仕事

人工知能やロボット等による代替可能性が高い100種の職業
（50音順，並びは代替可能性確率とは無関係）

IC生産オペレーター	金属熱処理工	製粉工	バイク便配達員
一般事務員	金属プレス工	製本作業員	発電員
鋳物工	クリーニング取次店員	清涼飲料ルートセールス員	非破壊検査員
医療事務員	計器組立工	石油精製オペレーター	ビル施設管理技術者
受付係	警備員	セメント生産オペレーター	ビル清掃員
AV・通信機器組立・修理工	経理事務員	繊維製品検査工	物品購買事務員
駅務員	検収・検品係員	倉庫作業員	プラスチック製品成形工
NC研削盤工	検針員	惣菜製造工	プロセス製版オペレーター
NC旋盤工	建設作業員	測量士	ボイラーオペレーター
会計監査係員	ゴム製品成形工（タイヤ成形を除く）	宝くじ販売人	貿易事務員
加工紙製造工	こん包工	タクシー運転手	包装作業員
貸付係事務員	サッシ工	宅配便配達員	保管・管理係員
学校事務員	産業廃棄物収集運搬作業員	鍛造工	保険事務員
カメラ組立工	紙器製造工	駐車場管理人	ホテル客室係
機械木工	自動車組立工	通関士	マシニングセンター・オペレーター
寄宿舎・寮・マンション管理人	自動車塗装工	通信販売受付事務員	ミシン縫製工
CADオペレーター	出荷・発送係員	積卸作業員	めっき工
給食調理人	じんかい収集作業員	データ入力係	めん類製造工
教育・研修事務員	人事係事務員	電気通信技術者	郵便外務員
行政事務員（国）	新聞配達員	電算写植オペレーター	郵便事務員
行政事務員（県市町村）	診療情報管理士	電子計算機保守員（IT保守員）	有料道路料金収受員
銀行窓口係	水産ねり製品製造工	電子部品製造工	レジ係
金属加工・金属製品検査工	スーパー店員	電車運転士	列車清掃員
金属研磨工	生産現場事務員	道路パトロール隊員	レンタカー営業所員
金属材料製造検査工	製パン工	日用品修理ショップ店員	路線バス運転手

注：職業名は，労働政策研究・研修機構「職務構造に関する研究」に対応
出所：2015年NRIニュースリリース

ラーなどが，機械に代替されにくい職業といわれます。

　確かに多くの仕事がなくなっていきますが，不安に考えすぎることはありません。技術や社会の変化により，仕事はこれまでも変わってきたからです。

　少し身近な例で，「昭和時代の人気職種で，平成時代になくなった仕事」を挙げてみます。いずれも，私が子どもの頃には普通にあった仕事で，今は見なくなった仕事です。

・電話交換手：昭和中期の花形職業の1つ。直通電話の普及で不要になった
・和文タイピスト，英文タイピスト：ワープロに置き換わった
・エレベーターガール：自動音声に置き換わった
・駅の切符切り：自動改札になった
・バスの車掌：ワンマン運転になった
・公共料金集金人：電気，ガス，水道等の料金が自動振込みになった
・個人向け金融業務：銀行の多くの業務がオンライン化した
・秘書，事務職：グループウェアやスマホの普及で，事務処理がIT化した
・駅弁売り，列車内食堂：駅のコンビニや車内販売に代替された
・タバコ屋，米屋，酒屋：単体の店は残れず，多くはコンビニに転身した

今の大学生は，駅員さんが切符を切っている姿を見たことがない人も多いと思いますが，平成初期までは，子どものあこがれの仕事の1つでした。あるいは，ATMが発達する前は，銀行の窓口業務が，若い女性の人気職種でした。他にも，消えた仕事はたくさんあります。

現在も，セルフレジの普及で，コンビニや小売店の販売員は減少しています。ファミリーレストランや外食チェーンでは，ロボットがウェイターの代わりに活躍し始めています。わかりやすく言うと，学生アルバイトや主婦パートができるような，比較的簡単な仕事は，機械に代わっていくのです。

次に，「平成以降にできた新しい仕事」の例を挙げていきます。

・携帯電話，スマートフォンに関するすべての仕事
・オンライン販売，オンライン広告，動画配信など，インターネットでビジネスを行うすべての仕事
・ウェブデザイナー，データサイエンティスト，ブロックチェーン技術者など，インターネットに関する技術の仕事
・ユーチューバー，ブロガーなど，SNSで発信する仕事
・ケアマネジャー（介護支援専門員），介護士など，シニアに関わる仕事
・セラピスト，キャリアコンサルタントなど，個人向けカウンセリング的な仕事
・ネイリスト，スポーツジムトレーナーなど，個人向けサービスの仕事
・ドローン操縦士，ロボット開発者など，新技術に関わる仕事

このように，新しい仕事もたくさん生まれています。心配しすぎることはなく，時代のニーズに合った仕事に就くことを考えるとよいでしょう。

3 SDGs（持続可能な開発目標）：新ビジネスのチャンス

2015年の国連総会で，『我々の世界を変革する：持続可能な開発のための2030アジェンダ』が採択されました。ここで，2030年までに達成するべき持続可能な開発目標（SDGs）として，17の目標（ゴール）と169の達成基準（ターゲット）が示されました。

図表4-3にあるように，「目標1．貧困をなくそう」「目標2．飢餓をゼロに」などの17の目標で，シンボルマークとともに，すでに知っている人も多いでしょう。その後，米国や中国の環境対策への姿勢，コロナ禍の影響，ロシアのウクライナ侵攻などがあり，2030年までに目標を達成できる項目は限定的です。

図表4-3 SDGsは新事業としても魅力的
<SDGsの各目標の市場規模試算結果（2017年）>

（単位：兆円）

目標	市場規模	内容
目標1 貧困をなくそう	183	（マイクロファイナンス，職業訓練，災害保険，防災関連製品 等）
目標2 飢餓をゼロに	175	（給食サービス，農業資材，食品包装・容器，コールドチェーン 等）
目標3 全ての人に健康と福祉を	123	（ワクチン開発，避妊用具，医療機器，健康診断，フィットネスサービス 等）
目標4 質の高い教育をみんなに	71	（学校教育，生涯教育，文房具，eラーニング，バリアフリー関連製品 等）
目標5 ジェンダー平等を実現しよう	237	（保育，介護，家電製品，女性向けファッション・美容用品 等）
目標6 安全な水とトイレを世界中に	76	（上下水プラント，水質管理システム，水道管，公衆トイレ 等）
目標7 エネルギーをみんなにそしてクリーンに	803	（発電・ガス事業，エネルギー開発 等）
目標8 働きがいも経済成長も	119	（雇用マッチング，産業用ロボット，ベンチャーキャピタル，EAP 等）
目標9 産業と技術革新の基盤をつくろう	426	（港湾インフラ開発，防災インフラ，老朽化監視システム 等）
目標10 人や国の不平等をなくそう	210	（宅配・輸送サービス，通信教育，送金サービス，ハラルフード 等）
目標11 住み続けられるまちづくりを	338	（エコリフォーム，災害予測，バリアフリー改修，食品宅配 等）
目標12 つくる責任つかう責任	218	（エコカー，エコ家電，リサイクル，食品ロス削減サービス 等）
目標13 気候変動に具体的な対策を	334	（再生可能エネルギー発電，林業関連製品，災害リスクマネジメント 等）
目標14 海の豊かさを守ろう	119	（海洋汚染監視システム，海上輸送効率化システム，油濁清掃，養殖業 等）
目標15 陸の豊かさも守ろう	130	（生物多様性監視サービス，エコツーリズム，農業資材，灌漑設備 等）
目標16 平和と公正をすべての人に	87	（内部統制監査，セキュリティサービス，SNS 等）
目標17 パートナーシップで目標を達成しよう	NA	（各目標の実施手段を定めたものであるため，対象外）

参考：主要製品の市場規模（2017年）
■自動車：約510兆円
■鉄鋼：90兆円
■半導体：40兆円
■テレビ：10兆円
＊出所：OICA，経産省

SDGsビジネスに意識的に取り組んでいない企業も，実際は既にSDGsに繋がる製品・サービスを保有していることもある。
関連企業がSDGs達成に向けて連携を強めることにより，新たな市場の獲得が可能となる

　しかしSDGsは，人類にとって必要な方向性のアクションで，新しいビジネス機会としても魅力的です。デロイトトーマツコンサルティング社の市場試算では，「目標7．エネルギーをみんなに，そしてクリーンに」は803兆円，「目標9．産業と技術革新の基盤をつくろう」は426兆円，「目標11．住み続けられるまちづくりを」は338兆円，「目標13．気候変動に具体的な対策を」は334兆円といったように，巨大なポテンシャルがあります（図表4-3の右下の参考データのように，世界の自動車産業が510兆円，鉄鋼産業が90兆円なので，いかに巨大かがわかります）。

　各企業は，SDGsをビジネスチャンスと捉えて，それぞれの事業領域で人類共通の課題解決に取り組んでいきます。ホームページには，「自社のSDGsへの取り組み」を掲載している企業が多くなってきました。自分の興味ある企業が，どのような取り組みをしているか，参考にしてください。

　また，SDGsと関連して，「ESG投資」という概念も知っておきましょう。ESGとは，環境（Environment），社会（Social），企業統治（Governance）の英語の頭文字をとった言葉です。企業が長期的に成長するためには，経営においてESGの3つの観点が必要だという考え方が世界中で広まっています。SDGsとESGの関係は，企業がESGに配慮して経営を進めれば，結果としてSDGsの目標達成に近づくと考えられています。

　投資家は，企業のESGへの取り組みを評価して投資対象を選びます。これが「ESG投資」です。投資することで，ESG課題への継続的な配慮を期待するのです。日本経済新聞や経済雑誌は，毎年，ESGに力を入れている企業のランキングを発表しています。企業としても，株式市場での評価（株価）につながるため，ESGを重視しています。

Column　日本が世界に誇れるポイント

　日本の将来について，悲観的な若者が増えています。長い間，経済の成長率が低かったこと，少子高齢化やグローバル化で先行きが不安なことが背景にあると思います。私は40ヵ国に行ったことがあり，それぞれの国に良い点と社会課題があることを見てきました。大学生には，「日本は世界の中で，実はとても良い国だ」という話をしています。

　例えば，米国の「ニューズ＆ワールド・レポート誌」が選定する「最高の国」ランキングは，経済，政治，社会，文化などを多面的に評価するものです。その2021年版では，世界２万人の調査の結果，「日本は２位」に輝きました。ちなみに，１位はカナダ，３位はドイツ，４位はスイスでした。主要国では，６位にアメリカ，８位にイギリス，11位にフランス，15位に韓国，17位に中国が入っています。日本は世界の中で，「素晴らしい国」なのです（出所：https://newsphere.jp/national/20210422-1/）。

　私が考える「日本が世界に誇れる10のポイント」は次のとおりです。
＜安心・安全＞
①　安全に暮らせる：島国のため国際紛争リスクが低い。警察が優秀で，銃砲やドラッグが規制されていて治安が良い。交通事故の死亡率も低い。
②　衛生状態が良い：水道水が飲める。道路に落ちているゴミが少ない。無料の公衆トイレが多くの場所にある。
③　医療制度が良い：誰でも安価に医療が受けられる「国民皆保険」は世界的に素晴らしい。その結果，長寿国を実現している（米国では高額な個人保険に加入しないと普通の医療を受けられず，イギリスでは簡単な手術でも半年待たされるなど，各国の医療制度の問題は多い）。
＜自然・文化＞
④　自然が豊か：温暖な気候で四季がある。山・森林・海があり，変化に富んだ自然がある。世界中の人が魅力を感じる観光資源が多い。

⑤　食事がおいしい：食材のバラエティに富む。世界の料理をアレンジしている。高級店からチェーン店まで，レストランのレベルが高い。

⑥　歴史・文化の独自性：歴史的な遺産が多い。独自言語が発達した珍しい国（自国の言葉で大学教育まで行える国は少ない）。アニメ，ゲームなど，新しい文化も豊富。

＜社会・経済＞

⑦　勤勉な国民性：時間を守り，よく働く。人々が協力し合う。鉄道などの公共交通機関の正確さは素晴らしい。

⑧　経済規模の大きさ：米中に次ぐGDP3位の経済大国である。先進国で1億2,000万人の人口は，米国に次ぐ。自国市場が大きいのは多くの産業にとってメリット。

⑨　技術的な先進性：多くの領域で世界トップレベルである。そのため，産業の広がりがある（自動車，エレクトロニクス，製薬・化学，ITの主要産業が全部あるのは，米国と日本くらい）。

⑩　労働市場の安定性：長期雇用が基本的で，失業率が低い。新卒一括採用で，若者が就職しやすい（欧米は中途採用が主で，若者が就職しにくい）。

　以上のように，日本で働き，生活できるのは，幸せなことだと思います。特に，首都圏（東京メトロポリタンエリア）は，世界経済の中心地の1つです。多様な仕事・キャリアの選択肢があります。このチャンスを活かすのは，あなた次第です。

第5章

幸せな人生を考えるために⑴：
基本的なキャリア理論

1　従来の職業選択の考え方：欧米でも年功序列，長期雇用，男性中心だった

　欧米でも，戦後しばらくは，現在の日本に近いキャリア意識が主流でした。1960年代頃までの職業選択（キャリア）についての考え方は，次のように整理されます。

・個人の職業選択や進路に関しては，遺伝や環境の影響もあるが，本人がコントロールできる部分も大きい。つまり，努力次第でやりたい仕事に就くことができる。

・職業や勤め先の選択は，「個人の特性や好みに関連しているべき」である（これは伝統的な「マッチング論」といわれる）。

・個人が選んだ職業やそれを実践する場（会社や組織）は，生涯を通してほとんど変わることはない（欧米でも，終身雇用的な考えが一般的だった）。

・職業教育や職業訓練は，思春期や青年期に行うことが普通である（若い時期の学び・スキルで，一生，その仕事を続けられる）。

・仕事人生においては，責任は軽いものから重いものへと進むことが多い（年齢とともに少しずつ，給与と肩書が上がっていく，年功序列の考え方である）。

　つまり，当時は欧米でも，年功序列，長期雇用が主流だったので，それが可能となる男性が中心の雇用だったのです。中産階級の女性は，専業主婦が一般的でした。若い世代の方はご存知ないと思いますが，日本でもヒットしたアメリカのホームドラマ『ウチのママは世界一（1958〜66年)』『奥様は魔女（1964〜72年)』の主人公は，ともに幸せな家庭の専業主婦でした。

　日本でも昭和時代のアニメ『サザエさん』『ドラえもん』『ちびまる子ちゃん』のお母さんは，いずれも専業主婦です。米国では，1970年代以降，女性も働く時代になりました。一方，日本では今でもこれらのアニメが放映されているのは，面白いところです。

　図表5-1は，米国の16歳以上の男女別労働参加率の推移です。女性の労働参加率は，1960年代から上昇し，1980年代に50％を超え，2000年に60％を超えた時点で頭打ちになっています。16歳以上の人口が分母なので，学生と高齢者も含まれています。近年，減少傾向なのは，高学歴化と高齢化により，働かない女性比率が増えているためです。

図表5-1　米国の男女別労働参加率（16歳以上）

労働参加率（%）

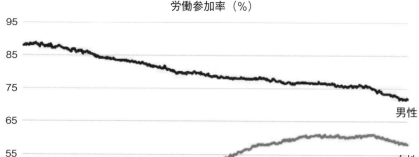

・16歳以上の女性の労働参加率は，60年代から2000年まで上昇
・近年，減少しているのは，高学歴化と高齢化に起因

出所：ブルームバーグ・プロフェッショナル（PRUSM20S/PRUSW20S）

　日本では，米国より20年から30年遅れて，女性の労働参加率が上昇しています。しかし，国際労働機関（ILO）による174の国と地域を対象とした女性就業率調査（ILO基準，15歳以上の人口に占める就業者の割合，2012年）では，

日本は46.1％で99位でした。世界平均は48.1％で，先進国はカナダ57.4％，ア
メリカ52.3％，イギリス51.6％，ドイツ50.8％となっています。まだ日本は，
女性が活躍する余地が大きいといえるでしょう。

2　現代の職業選択の考え方：男女ともスキルを向上させ続けることが必要

　欧米では，1980年代以降，職業選択（キャリア）についての考え方は，以下
のように変化し，現在の考え方に近づきました。

- ・個人の職業選択は自分でコントロールできるが，これは，「自分のキャリ
  アには自分が責任をもつ」という意味であり，スキルを高めて絶えざる変
  化に対処していくということである。
- ・職業の内容と仕事の進め方，仕事の場，必要なスキルは，急速に変化する。
  企業や組織は，財務の健全化を図るためにダウンサイジング（人員削減）
  を敢行することもある。
- ・適切な基礎教育で幅広いスキル（コミュニケーション力，責任感，チーム
  ワークなど）を身につけることは，今後も重要である。
- ・基礎教育に加えて，テクノロジーが急速に変化するので，生涯を通じてス
  キルを向上させ，自分の能力を再開発することも必要になる。
- ・仕事に固定的なパターンや段階，年齢に応じたキャリアパスがなくなる。
  転職，独立，失業などが一般化する。

　日本などの経済成長で，企業のグローバル競争が激しくなり，個人も変化に
対処していくことが重要になってきました。生涯を通じて，スキルを向上させ，
キャリアを主体的に考えることが必要な時代になったのです。同時に，女性も
仕事をもち，キャリア面でも経済面でも自立したいと思う人が増加しました。
　女性の就労に関しては，米国では，1963年に「均等賃金法」（同じ仕事をす
る男女の賃金差別をなくす法律）が，1964年に「市民権法」（人種，性別，宗
教などに基づく雇用差別を禁止する法律）が成立しました。この頃から，女性
の労働参加率（就業率）が上昇しました。
　日本の女性就業率の推移を見てみましょう。**図表5-2**は，女性の年齢別労

働力率（就業率）の推移です（内閣府データ）。1968年から2018年の50年間で，女性の労働力率は大幅に上昇しました。日本では，1986年に「男女雇用機会均等法」が施行され，男女の雇用条件は同一に近づきました。

　しかし，均等法後の1993年は，25〜29歳は64.3％と高くなりましたが，30〜34歳は52.7％にガクンと落ちています。これは，結婚・出産による退職が主な理由です。このように，30歳代の女性が結婚や育児で就業率が下がる現象を「M字カーブ」と呼びます。

図表5-2　日本の女性就業率の年齢別推移：50年間で大幅に上昇

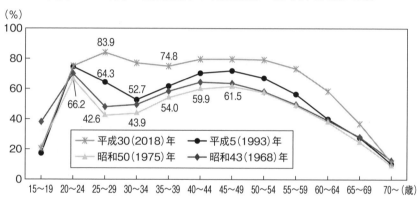

・結婚や育児による退職（M字カーブ）が減ってきた

（備考）　1．総務省・総務庁「労働力調査（基本集計）」より作成。
　　　　　2．労働力率は，「労働力人口（就業者＋完全失業者）」／「15歳以上人口」×100。
出所：内閣府

　欧米諸国でも以前は「M字カーブ」がありましたが，子育て世代を支援する施策を打ち出し，現在では30歳代でも就業率が下がることは見られなくなっています。日本も欧米に遅れながら，産休・育休制度，保育園の拡充などの施策により，30歳代の就業率も落ちなくなってきたのは喜ばしいことです。ただし，図表5-2には表れませんが，「未婚の働く女性の増加」「女性の非正規雇用（派遣社員，契約社員）の多さ」「男性との賃金差」は，解決すべき課題として残っています。

3　スーパーの理論：キャリア開発のプロセスは自己概念の発達

　米国のドナルド・E・スーパーは，1950年代以降，キャリア理論の発展に大きな影響を与えた研究者です。2章1節で紹介した「ライフ・キャリア・レインボー」も彼の理論の1つです。スーパーは，キャリア開発（狭い意味では，職業選択）のプロセスは，「自己概念の発達である」と唱えました。

　自己概念とは，「自分は何者であるか」「どういう存在であるか」という自己イメージです。具体的には，「自分は何が好きで，何が嫌いか」「どのようなことを楽しいと感じるか」といったことで，これが「自分はどうありたいか」につながるのです。

　スーパーは，「職業を選ぶということは，自己概念の実現の手段を選ぶということである」と述べています。私たちが職業選択をすることは，「自分がどのような人間になりたいのか」を，職業に置き換えて表現することなのです。

　スーパーによると，自己概念と職業選択の関係は，次のようになります。

・自己概念が明確でないと，職業選択も適切にできず，満足できないものになる。

・仕事とは，自分の「能力（できること）」「興味（やりたいこと）」「価値（重要だと思うこと）」を表現するものである。

・適切な職業選択には，肯定的な自己概念（自分に自信をもつこと）が必要である。

　私がキャリアコンサルタントとして大学生や社会人の就転職支援を行う中で，この3点は非常に重要だと感じています。子どもの頃から「肯定的な自己概念」が形成されてきた人は，仕事探しがスムーズに行くことが多いのです。これは周囲の人（家族，先生，友人など）から，前向きなフィードバックを受けることで形成されます。成人になってからも，上司，同僚，顧客，家族などからのフィードバックにより，自己概念が形成されていきます。

4　ホランドのRIASEC：自分のパーソナリティー・タイプを知る

　パーソナリティーとは，個性・人柄・人格のことです。米国のジョン・L・ホランドは，現代のキャリアカウンセリングに大きな影響を与えました。スーパーが「キャリア開発のプロセス」を理論化したのに対し，ホランドは「個人の行動スタイルや性格特性」に着目しました。

　ホランドは，青少年期にかけて確立する，「個人の興味や能力に関連する価値観」について研究しました。その結果，「人間のパーソナリティーは6つに分けられ，環境も同じ6つに分類される。職業選択は，パーソナリティーの表現の1つである。人間の行動は，パーソナリティーの表出行動と環境との相互作用なので，職業選択に当たっても，できるだけ同じ類型になるようにしたほうが，成功の度合い・満足度・安定度が高まる」という考えを理論化したのです。

　この興味と環境における6つの類型は，現実的（R：Realistic），研究的（I：Investigative），芸術的（A：Artistic），社会的（S：Social），企業的（E：Enterprising），慣習的（C：Conventional）で，頭文字をとってRIASECと呼ばれます（**図表5-3**）。

　また，その人の職業的志向性が，「データ志向（具体的な数字やデータを扱う活動）かアイデア志向（発想や感情をベースにした活動）か」，「対人志向（ヒトを対象とした活動）か対物志向（モノを対象とした活動）か」のどれにより多く向いているかを理解することも必要です。

　ホランドの6つの興味領域タイプ：
① 　現実的タイプ（Realistic）　→　物や道具を扱うことを好み，秩序や組織的な活動を好む。技術関係の仕事に向いている。
② 　研究的タイプ（Investigative）　→　数学，物理，生物などに興味があり，好奇心が強く学者肌。物事の分析，意見を明確に表明する。
③ 　芸術的タイプ（Artistic）　→　慣習にとらわれず，創造的。繊細で感受

性が強く，独創的な発想が得意。創造的な職業を好む。

④　社会的タイプ（Social）　→　対人関係を大切にし，教育，人の援助など
　　の仕事を好む。社会的な活動にも積極的。

⑤　企業的タイプ（Enterprising）　→　リーダーシップをとり，目標達成
　　を好む。説得を得意とし，野心的な活動を好む。

⑥　慣習（習慣）タイプ（Conventional）　→　データなどの情報を体系的
　　にまとめるのが得意。責任感があり，緻密な活動を好む。

図表5-3　ホランドのRIASEC

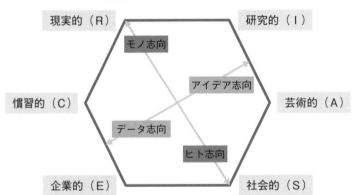

通常，3つの領域の組み合わせになることが多い

下記サイトで自己診断できる
興味診断｜マイジョブ・カード（mhlw.go.jp）

出所：宮城まり子「キャリアカウンセリング」

　ホランドは，この分析により，「人は通常，3つの性格タイプの組み合わせ
として表すことができる」とし，「どれか1つが強く，あと2つはそれほど強
くない」と説明しました。このように，人を3つの性格タイプで表したものを
スリー・レター・コードと呼びます。

　「RIASECによる自己診断（厚生労働省サイト）」や「VPI職業興味検査」な
どの無料アセスメントを受けると，自分のスリー・レター・コードを知ること
ができます。自己理解を深めるために，就職活動前に試すとよいツールの1つ

です。

ワーク：RIASECの自己診断を受けてみましょう。

```
自己診断結果のメモ




```

5　キャリア・アンカー：自分が大切にしたい価値観を知ろう

　米国の心理学者であるエドガー・シャインは，キャリアの選択を規定する価値的な能力として，「キャリア・アンカー」という概念を提唱しました。
　これは，次の3つの要素が複合的に組み合わさっていると考えました。
　①　実際の成功経験に基づく，自覚された才能と能力
　　　　⇒　自分にできることは何か？
　②　自己診断や他者からの指摘により，自覚された動機と欲求
　　　　⇒　自分は何がやりたいのか？
　③　理想と現実のギャップから，自覚された態度と価値
　　　　⇒　自分は何をやることに価値を感じるか？（意味，価値観）
　大学生の場合には，①「自分にできること」は，これから増やすことができます。例えば，今，英語やITに自信がなくても，20歳代のうちに身につけることは十分可能です。就活までに，②「自分がやりたいこと」と③「自分が価値を感じること」をよく自問自答しておくことが大切です。
　　　注：この3つの問いは，2章5節で紹介した「自分だけの花をみつけよう」のワークの問いとは，③が異なります。就職活動においては，「社会が求めていることは何か（時代に合った仕事のニーズ）」を考え

ることが重要なためです。

　シャインの３つの問いについて考えることは，就職活動で終わりではありません。経験の積み重ねや，環境の変化によって，自分の答は変わっていきます。キャリアデザインとは，この３つの問いを，生涯にわたり，自分自身に繰り返していくことなのです。

　シャインは，実証的研究の結果，キャリア・アンカーを８つに定義づけました。以下は，８つの「キャリア・アンカー」の特徴と，それに「適する仕事タイプ」です。

① 専門・職能的コンピタンス（Technical/Functional competence）：自分が得意な専門分野や職能分野での能力発揮に満足感を覚える。⇒ 企画，販売，人事，エンジニアリングなどのスペシャリスト，医師・弁護士などの士業，職人

② 全般管理コンピタンス（General managerial competence）：組織の責任ある地位に就き，組織の成功に貢献し，高い収入を得ることに喜びを感じる。⇒ 組織の管理職，ジェネラリスト

③ 自律・独立（Autonomy/Independence）：組織の規制に束縛されず，自分のペースで自分の納得する仕事の進め方を優先する。⇒ 自営業，フリーランス

④ 保障・安定（Security/Stability）：安定・安全で，ゆったりとした気持ちで仕事をすることを優先する。⇒ 公務員，終身雇用的な企業

⑤ 起業家的創造性（Entrepreneurial creativity）：新しい事業を起こし，経済的に成功したいと強く意識する。⇒ ベンチャー起業家，クリエイター

⑥ 奉仕・社会貢献（Service/Dedication to a cause）：世の中を良くすることに貢献したいという欲求に基づいてキャリアを選択する。⇒ 教育者，公的機関，社会起業家

⑦ 純粋な挑戦（Pure challenge）：不可能と思われることに挑戦し，手強い相手に勝つことを目標とする。⇒ 研究者，新規事業立上げ

⑧ 生活様式（Lifestyle）：個人，家族，仕事のニーズのバランスをとりた

い。⇒　ワークライフバランスがとれる仕事

　キャリア・アンカーには，「人は自己概念に首尾一貫性を求めようとするものである」という前提があります。社会人になって数年経た時点で，一度確立されたキャリア・アンカーは，その人のキャリア全体にわたって，安定し続けると考えられています。

　一般的に，キャリア・アンカーが明確な人は，就職やその後の社内異動や転職などのキャリアチェンジが希望どおりになることが多いのです。これは，自己理解がきちんとできており，自分のキャリアで「こだわりたいこと」が明確になっているからです。

ワーク：キャリア・アンカーを考えましょう。無料の診断サイトもあります。

メモ

第**6**章

幸せな人生を考えるために⑵：
最近のキャリア理論

1 人生は転機の連続：転機を上手く乗り切るために

米国のキャリア開発の専門家，ナンシー・K・シュロスバーグは，「人生は転機の連続」であるため，「転機のプロセス」をよく理解し，転機にうまく対処できるようになる必要があると提唱しました。

図表6-1 転機：イベントとノンイベント

```
「イベント（ある出来事が起こること）」の例：
・中学校，高校，大学などに入学する
・引っ越しする，転校する
・新しい部活動に入る
・就職する，転職して新しい仕事を始める
・子どもが生まれる
・親の介護が必要になる，親が亡くなる
・失業する
・離婚する
・病気になる
・地震などの天災に遭う
```

```
「ノンイベント（ある出来事が起こらないこと）」の例：
・志望した学校に入れない
・希望した業界に仕事が見つからない
・結婚相手が見つからない
・子どもが授からない
・期待通りに昇進できない
```

出所：ナンシー・シュロスバーグの理論をもとに作成

転機には，「ある出来事が起こること（イベント）」と「ある予期した出来事

が起こらないこと（ノンイベント）」の２種類があります（**図表6-1**）。

そして，ある出来事が起こっても起こらなくても，それが結果的に生活に変化をもたらせば，その人に転機がきたことになります。転機は通常，下記のうち，１つまたは２つ以上の変化をもたらします。

・役割：人生の役割の何かが大きく変化する

・関係性：大切な人との関係が強くなったり弱くなったりする

・日常生活：物事をいつどのように行うかが変化する

・自分自身に対する見方：自己概念が変化する

人生に転機が来ることは避けられません。転機に際し，「マイナスの影響を最小限にするように対処できる」ことが大切なのです。転機を自覚することにより，役割，関係性，日常生活，自分自身に対する見方についてのマイナスの影響を減らし，うまく転機を超えられるようになるのです。

次に，「転機の起こり方」による違いを考えます。転機の起こり方には，主に３種類があります。

・予期していた転機：結婚，出産，子どもの小学校入学，など

・予期していなかった転機：事故，病気，失業，など

・期待したことが起こらなかった転機：結婚が破談，進学に失敗，昇格見送り，など

予期していたかどうかにより，自分に与える影響度合いが異なることは，皆さんの経験からも想像がつくでしょう。次に示すのは，転機を評価する４つの視点です。これを理解することで，転機に冷静に対処することが可能になると考えられます。

例えば，転職の場合で考えてみましょう。

①　転機の深刻さ：その転職により，どの程度，現在の日常生活や役割を変えることになるのかを考える。転居を伴うなら，日常生活は大きく変わるだろう。役割が課長から部長に変わり，部下の人数が３人から10人に変わるなら，仕事の進め方も大きく変わるだろう。

②　転機のタイミング：人生において，今，その転職をすることが良いかどうかを考える。家族の状況も考える必要があるかもしれない。また，

違う仕事をするうえでの準備期間を考える必要もあるかもしれない。

③　転機に対するコントロール：転職について，自分が何らかのコントロールの余地があるか，希望に合った転職先の候補はたくさんあるか，転職しない選択肢もあるか，などをよく検討する。

④　転機の持続性：転職によって変わった状況は，いつまで続くか。一時的か，ずっとその状況が続くのか。

この4つの視点で，ある転機を評価することで，納得のある結論を得られる可能性が高まるのです。

以上を理解したうえで，転機にどのように対処するかを考えます。シュロスバーグは，転機に対処する能力を左右するポイントは，次の4つであると説明しています。

①　人生全体に対する見通し：転機に伴い，人生を肯定的に捉えているか，否定的に捉えているかで，転機の影響が異なる。人生を肯定的に捉え，前向きに考えられることが望ましい。

②　コントロール：転機により，自分が人生をコントロールできると思うか，あきらめるかで，影響が異なる。

③　対処スキル：転機を迎えた際の，ストレス解消の方法，意思決定につながる行動の取り方を知っているほうがよい。

④　過去の経験：以前の転機の経験を生かせるか。

つまり，転機において，前向きかつ柔軟に対応できる人は，成功することが多いのです。

2　クランボルツの計画的偶発性理論：チャンスをつかむ5つの心構え

1990年代までのキャリア論では，「計画的にキャリアを作っていく」ことが提唱されていました。自分が5年後，10年後にありたい姿を描き，それに向かって計画的に経験やスキルを蓄積していくことで人生の成功につながる，という考え方でした。

当時は，企業においても，3〜5年の中期計画を策定し，それを着実に実行

していくことが一般的でした。しかし，2000年代に入り，変化が激しく，将来の予測が困難なVUCAの時代になりました。企業でも，中期計画に縛られるより，環境変化に柔軟に対応していくことが重要になっています。

そのような時代の変化に合ったキャリア理論が，米国スタンフォード大学教授のジョン・D・クルンボルツが，1999年に発表した「予期せぬ出来事を，キャリアの機会と捉える考え方（計画的偶発性理論：プランド・ハップンスタンス・セオリー）」です。この計画的偶発性理論は，現代に合う考え方として，キャリアの専門家の間で，広く受け入れられています。

クランボルツ教授は，「未来は予測できないことが多いので，キャリアプランに縛られすぎる必要はないのではないか」という仮説を立てました。それを検証するため，成功したビジネスパーソン数百名のキャリア分析を行ったところ，「成功したキャリアの8割は偶発的なことによって決定される」ことがわかったのです。そして，「偶然の出来事」をチャンス（好機）に変えるため，5つの心構えが必要だと提唱しました。

5つの心構えとは，好奇心，持続性，柔軟性，楽観性，冒険心です。まず「好奇心」については，いつも新しいことに興味や関心を持ち，勉強や出会いを豊富にしておくとチャンスがつかめるということです。学生時代はもちろんのこと，社会人になっても，たえず新しい学びの機会を模索していきましょう。

ただし，いつも中途半端に関心が移りすぎるとよくないため，「持続性」も必要です。失敗に負けずに努力し続けることは，ある程度は大切です。

キャリアデザインにおいて，多くの日本人が特に意識すべきと思われるのが，3つめの「柔軟性」だと思います。状況の変化に応じて，こだわりを持ちすぎず，新しい視点を取り入れていきましょう。自分の信念・態度・行動を，環境に合わせて変えるのが，むしろ良いことなのです。若者の親の世代は，「この道一筋」を美徳として教えられてきたので，例えば「1つの仕事を長く続けるべき」とか「転職はよくないこと」と考える人もまだ多く存在します。しかし，これは時代に合わない価値観であることを認識しましょう。

4つめの「楽観性」も大事です。新しいチャンス（機会）は必ずあると，前向きに考えて，今やるべきことに注力しましょう。そして新しいチャンスが来

たら，「きっと大丈夫」「何とかなるさ」という気持ちで取り組むのです。

　そして最後の「冒険心（チャレンジ精神，リスクテイキング）」をもつことです。思い切って「一歩踏み出す」ことが，成功のカギなのです。

　私自身や，私の周囲の人たちの経験でも，偶然の出会いがキャリアを左右する事例を多く見てきました。皆さんも，自分のこれまでの人生を振り返ると，偶然の出来事が，今につながっていることに気づくのではないでしょうか。

3　将来の可能性を考えるワーク：偶然の機会を活かすために

　前節で，「計画的偶発性理論」について説明しました。次に，この理論に基づき，これまでの出来事を思い出し，将来のキャリアデザインにつなげるワークをやってみましょう。これは，『キャリア・コンストラクションワークブック』（安達智子・下村英雄編著）からの抜粋引用です。

　まず，偶然の出来事を思い出すワークです。

質問１：これまでの人生で印象に残る偶然の出来事を３つ思い出してみましょう。

```
・

・

・
```

質問２：その出来事の前後に，自分がとった行動を思い出してみましょう。

```
・

・
```

┌─────────────────────────────┐
│・   │
│   │
│   │
└─────────────────────────────┘

　私の場合，例えば，小学校5年生の途中で，親の転勤のため，茨城県から東京都に引っ越したことが挙げられます。新しい学校で早く友人を作るために，茨城弁を笑われながらも，積極的に周囲に話しかけたことを思い出します。転校は，当時の私にとってつらい経験でしたが，新しい環境への順応性が身につけられたと思います。

　また，高校でソフトテニス部に入ったことも印象深い出来事です。いくつかの部活の中で，たまたま先輩たちの雰囲気が気に入ったため，初心者にもかかわらずソフトテニスを始めました。大学でもその先輩方に誘われてソフトテニスを続けました。テニスからは，チームワーク，努力することの大切さ，試合に負ける悔しさなど，多くのことを学びました。

　皆さんも，偶然の出来事とその前後の自分の行動を思い出すことで，自分自身を振り返ることができますので，考えてみてください。

　2つめは，将来の可能性を考えるワークです。偶然の出来事の多くは，人との出会いです。自分の考え方次第で，いろいろな人に出会える可能性があることを，改めて考えてみましょう。

質問3：将来，あなたが進みたいと考えている分野に進むには，どんな集団に
　　　　入ってどんな人たちと接したら有利になると思いますか？

┌─────────────────────────────┐
│・   │
│   │
│・   │
│   │
│・   │
│   │
└─────────────────────────────┘

質問4：あなたがその人たちと接するには，どんな方法がありそうですか？
　　　　いくつかの可能性を考えてみましょう。

```
・

・

・
```

　今は，オンラインを含めると，世界中の人と簡単につながれる時代です。自分が興味あること，将来やってみたいことのために，友人に知り合いを紹介してもらったり，勉強会に参加したり，研修を受けたり，資格を取得したり，SNSのサークルに入ったりといった方法が考えられます。

　私は55歳のとき，キャリアコンサルタントという仕事が国家資格になったことを知りました。資格を取るための夜間コースに通い，仲間ができました。資格を取った後は，キャリアコンサルタントの勉強会にいくつか参加し，そのつながりでハローワークや大学でのキャリア支援の仕事を探すことができました。また，昔の会社の知人の紹介でキャリアの本を出版することができ，別の知人とのSNSを通じて大学講師の仕事を得ました。積極的にネットワーキングすると，良い出会いがあることを実感しました。

4　変幻自在なプロティアン・キャリア

　プロティアン・キャリアとは，「変幻自在なキャリア」のことです。ギリシャ神話のプロテウスは，予言と変身の能力をもつ神で，自分の姿を思いのままに変化させることができます。そのプロテウスにちなんで，米国のダグラス・ホールが「環境の変化に応じて，自分自身を変化させていく柔軟なキャリア」をプロティアンと名付けました。

　現代のキャリアは，組織によってではなく，個人によって形成されるもので，

「個人の心理的成功」を目指すものです。個人が組織から自立し，柔軟に変わり続けることが人生を豊かにするのです。

図表6-2　伝統的キャリアとプロティアン・キャリアの比較

	伝統的キャリア	プロティアン・キャリア
キャリアの所有者	組織	個人
価値観	昇進，権力	自由，成長
組織内外の移動の程度	低い	高い
成果	地位，給料	心理的成功
姿勢	組織的コミットメント	仕事の満足感 専門的コミットメント
アイデンティティ	組織から尊敬されているか （他人からの尊重） 自分は何をすべきか（組織認識）	自分を尊敬できるか（自尊心） 自分は何がしたいのか （自己認識）
アダプタビリティ	組織に関連する柔軟性 （組織内での生き残り）	仕事に関連する柔軟性 現行のコンピテンシー （市場価値）

組織から自立し，柔軟に変わり続けることが人生を豊かにする

出所：一般社団法人プロティアン・キャリア協会

図表6-2に沿って，両者を比較してみましょう。まず伝統的なキャリアでは，キャリアの所有者（主体）は「組織」でした。大切な価値観は，組織内で昇進し，権力をもつことでした。組織内外の移動の程度は低く，成果は「地位や給料」でした。「組織から尊敬されているか（他のメンバーから尊重されているか）」や，「組織に関連する柔軟性（組織内での生き残り）」が重要でした。

一方，プロティアン・キャリアでは，キャリアの所有者（主体）は「個人」です。組織は，「経験をするための場」にすぎません。大切な価値観は，個人の「自由と成長」です。組織内外の移動の程度は高く，成果は「心理的成功」です。「仕事に満足できるか」「自分を尊敬できるか（自尊心が満たされるか）」「仕事に関連する柔軟性をもち，市場価値が上がるか」が重要です。

法政大学の田中研之輔教授が，著書『プロティアン』で，プロティアン・

キャリアに必要な３つの資本をまとめています。

　　①　ビジネス資本：スキル，語学力，プログラミング能力，資格，職歴など

　　　　　　⇒　仕事からの学びや自己研鑽で，蓄積していく資本です。

　　②　社会関係資本：職場，友人，人的ネットワークなど

　　　　　　⇒　仕事・それ以外のさまざまな人との信頼関係の積み重ねで蓄積

　　　　　　　　していく資本です。

　　③　経済資本：金銭，財産，株式，不動産など

　　　　　　⇒　①，②の資本が，③の蓄積にも好影響を与えます。

　人生100年時代には，神プロテウスが自由自在に姿を変えたように，個人が社会や環境の変化に応じて，柔軟に働き方や仕事を変えていくキャリア形成が必要なのです。

第7章

キャリア開発に必要な力

1　企業が求める能力：社会人基礎力の12要素とは

　経済団体連合会（経団連）では，2001年から2019年まで，企業が大学生を採用するとき，重視する要素をアンケート調査しています。その結果を見ると，過去10年にわたり，1位「コミュニケーション能力」と2位「主体性」の2つが重視されてきていることがわかります。「チャレンジ精神」「協調性」「誠実性」は，ある程度は大切なのですが，ずっと横ばいです。

　これは，変化の激しい時代には，企業は，周囲とコミュニケーションをとりながら，主体的に仕事を進めていく人材を求めていると理解できます。「コミュニケーション能力」というのは，自分の考えを一方的に話すというよりは，相手の意見をよく聴き，自分の意見も上手く伝えていく能力を指します。「主体性」というのは，自分で考え，自分の判断に基づいて行動できる能力です。

　次に，2006年に経済産業省が発表した「社会人基礎力」について説明します。社会人基礎力とは，社会に出て行く若者が身につけておいてほしい「基礎的な能力」を整理したもので，3つの能力と12の能力要素で構成されています（**図表7-1**）。

　3つの能力は，「前に踏み出す力（アクション）」「考え抜く力（シンキング）」「チームで働く力（チームワーク）」です。「前に踏み出す力」には「主体性，働きかけ力，実行力」の3つの能力要素が含まれます。「考え抜く力」には「課題発見力，計画力，創造力」の3つが含まれます。「チームで働く力」には「発信力，傾聴力，柔軟性，情況把握力，規律性，ストレスコントロール力」の6つが含まれます。この12の能力要素が，社会人になる準備として，身につ

図表7-1　「社会人基礎力」とは

経産省の有識者会議が，職場や地域社会で多様な人々と仕事をしていくために必要な基礎的な力を「社会人基礎力（＝3つの能力・12の能力要素）」として定義

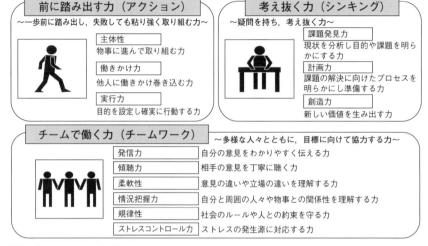

出所：経済産業省ホームページ

けたい基礎力です。

　この12の能力要素について，現在の30代以上の人々は，実はあまり学校では習っていません。昔の学校教育は，暗記重視の詰め込み型で，「主体性」「働きかけ力」「課題発見力」「発信力」「傾聴力」「柔軟性」「ストレスコントロール力」などは，学ぶ機会が多くなかったのです。

　過去の詰め込み型教育が，人生100年のグローバル時代に合っていないということで，最近の学校カリキュラムは大きく変わっています。小学校から大学まで，プレゼンテーション（働きかけ力や発信力などに対応），会議での合意形成（発信力，傾聴力，柔軟性などに対応），問題解決（課題発見力や傾聴力などに対応），プログラミング（創造力や計画力などに対応），といったプログラムが充実してきています。「アクティブラーニング」（主体的，対話的で深い学習）を取り入れる学校も増えています。

　その成果で，最近の若者世代は，上司の世代より，人前でのプレゼンテー

ションや会議を上手に進めることには慣れている人が多いのも事実です。新し
いIT技術を使った動画作成や，SNSでの情報発信なども，明らかに上司世代
より優れています。若者の皆さんは，時代が求める能力を身につけているとい
えるでしょう。

2 トランスファラブルスキル：他の仕事でも使える強みを蓄積し よう

　自分の能力の中で，汎用性があり，他の会社や仕事でも使える強みを「トラ
ンスファラブルスキル（移転可能な能力）」といいます。ポータブルスキル
（持ち運びできる能力）と呼ぶこともあります。主体性，リーダーシップ，
チャレンジ精神，独創性などが，例として挙げられます。

　トランスファラブルスキルという言葉は日本語に翻訳しにくいため，厚生労
働省や経済産業省がそのままカタカナで使っています。厚生労働省傘下の東京
労働局（ハローワーク）の就職支援セミナーの資料には，下記の例が載ってい
ます。

＜トランスファラブルスキルの例＞
主体性，リーダーシップ，実行力，積極的，チャレンジ精神，熱意，フットワー
ク，洞察力，計画性，創造力，独創性，文章力，情報収集，臨機応変，話し上手，
聞き上手，打たれ強い，人付き合いが良い，物怖じしない，気配り，調整能力，
責任感，ルールを守る，几帳面，迅速，集中力，勤勉，向上心，粘り強い，慎重，
丁寧

＜ワーク＞上記の言葉をヒントにして，自分の強みとなるトランスファラブル
　　　　　スキルを，3つ書いてみましょう。次に，そのスキルを発揮した場
　　　　　面（エピソード）について，詳しく書いてください。

記入例）「責任感」：
　「責任感」です。高校時代に文化祭の実行委員長を務めました。チームに分か
れて作業している生徒たちを見て回り、資料作りやアイデア出しなど、不足する
部分のサポートを徹底しました。その結果、先生方や業者の方に「今年の文化祭

実行委員長は例年に比べ，責任感があってしっかりしている」と言ってもらえました。

記入欄

> ・
>
> ・
>
> ・

　トランスファラブルスキルは，自分の強みとなる能力やコンピテンシー（行動特性）です。学生のうちに身につけているスキルもあれば，社会人の経験を経て，蓄積していくスキルもあるでしょう。多くのトランスファラブルスキルを身につけると，エンプロイアビリティ（雇用される力）が向上します。多くの組織に求められるスキルをもつためです。

　従来のスキルアップは，ハシゴをまっすぐ登るイメージでした。ハシゴはまっすぐに登っていくしか選択肢はありません。ある企業に入社したら，同期全員がヨーイドンでハシゴを早く駆け上がる競争でした。しかもハシゴは，何らかの理由で外されると，どうしようもありません。

　一方，現代のスキルアップは，ジャングルジムのイメージに変わりました。ジャングルジムは，どこから登ってもよいし，途中でルートを変えてもよいし，少し下がり，休んでも構いません。頂上が唯一のゴールというわけでもありません。頂上は怖いので，2段くらい下で余裕をもって景色を眺めたい人もいるはずです。要するに，自分のペースで，自分の行きたい方向を考えながら，少しずつスキルを身につけていけばよいのです。

3　エンプロイアビリティー：「雇用される能力」を高めるには

　エンプロイアビリティーとは，「雇用される能力（Employ＋Ability）」のことで，一般的には「企業内外で通用する職業能力」といわれます。経団連では，「継続的に雇用される能力」と「転職できる能力」を加えたものと定義づけています。

　エンプロイアビリティーは，社外においても通用する能力のことで，転職や再就職につながります。エンプロイアビリティーは，その人の「市場価値」に連動します。

　厚生労働省の研究によると，エンプロイアビリティーの能力は，次の3つの要素から構成されています。

　A．職務遂行に必要となる特定の知識・技能などの顕在的なもの

　B．協調性，積極的など，職務遂行に当たり，各個人が保持している思考特性や行動特性に関わるもの

　C．動機，人柄，性格，信念，価値観などの潜在的な個人的属性に関するもの

　重要なのは，どこで何年働いたかではなく，そこで，どのような知識を得て，どのような成果を上げたかです。専門能力，コミュニケーション力，対人関係構築能力など，学校では身につかないものを，実際の仕事を通じて，習得していくことが大切です。

　次に，「スキルギャップを埋める必要性」について説明します。**図表7-2**で示すように，社会人を経験していくと，求められる業務知識やスキルレベルは，年齢とともに上がっていきます。そのため，努力を怠ると，多くのスキルは陳腐化あるいは減価償却していくため，スキルギャップが生じます。そうならないためには，意識して自分のスキルを開発し続けることが重要なのです。

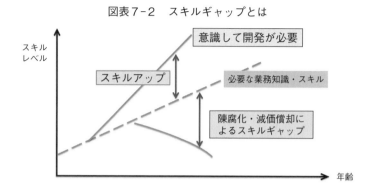

図表7-2　スキルギャップとは

4　リスキリングとは何か：デジタル人材の不足に対応

　最近，日本政府は「リスキリング」に力を入れています。リスキリングは，すでに社会に出ている人に対して，新しい知識やスキルの習得を促し，再教育をサポートすることです。企業は従業員に対して，学ぶ時間を与えたり，研修を開催したりします。

　リスキリングと似た言葉に「リカレント」があります。リカレント教育とは，生涯にわたって，教育と就労のサイクルを繰り返すための教育です。個人がキャリアアップに役立つと考えることや，興味があることを自分の意志で学ぶのが，リカレント教育です。

　リスキリングは，技術革新やビジネスモデルの変化に対応するために，業務上で必要とされる新しい知識やスキルを学ぶことです。狭義には，「デジタル人材の育成」が中心です。急速な技術革新によって，デジタル化に対応するスキルをもつ人材が世界中で不足しています。そのため日本政府では，リスキリングの支援策を整備し，今後5年間で1兆円を投入すると発表しています。

　企業がリスキリングを推進するメリットについては，次の点が挙げられます。

　　・人材不足に対応できる：国内では10年以内に，事務職や生産職の仕事が減
　　　り，数百万人規模の余剰人員が出ます。その一方，デジタル人材をは
　　　じめとする専門・技術職は，数百万人規模以上に不足します。よい人

　　　　材は取り合いになるので，不足する職種を企業内部人材から育成する
　　　　のは良い選択です。
　・モチベーション向上につながる：従業員に学びの機会を与え，キャリア形
　　　　成を支援することは，従業員のモチベーション（やる気）やエンゲージ
　　　　メント（帰属意識，愛社精神）を向上させます。
　・自律型人材を育成できる：従業員の自律性を高めると，積極性が高まり，
　　　　イノベーションが起こることが期待できます。

　デジタル人材というと，理系の人だけの仕事のようですが，文系的な仕事も
たくさん生まれます。新技術をどのように製品化するかを考える人，それを営
業する人，使い方を教える人などです。広い意味での「デジタル人材」が不足
するため，仕事のチャンスがたくさんあります。

　いずれにしても，これからの時代は，デジタル技術を理解し，使いこなすこ
とで価値を創造できる人材は，とても貴重です。新しい職業や，仕事の進め方
が大幅に変わる職業に就くことができます。せっかく新卒で就職するなら，将
来性のあるスキルを獲得できる領域で働くほうが，キャリアの選択肢が広がる
でしょう。

成功する就職活動のポイント

第**8**章

企業分析の方法

1　なぜ企業分析が大切か⑴：完璧な会社は存在しない

　就職活動では，自己分析（自分を知ること）と併せて，企業分析（業界・企業・職種を知ること）が大切です。なぜなら，「完璧な会社は存在しないから」です（自己分析は12章で行います）。

　多くの学生は，「有名企業で，給料が高くて，仕事のやりがいがあって，成長性があって，残業が少なくて，転勤がなくて，土日休みで，子育てしやすそうで……」といったことを考えます。でも，世の中にそんなに都合の良い会社はありません。

　「はじめに」で，「就活はパートナー探しと似ている」と書きました。これは男性にたとえると，「カッコよくて，やさしくて，背が高くて，高収入で，趣味が合って……」という相手を探すのと同じです。仮にそんな男性がいたとしたら，女性にモテるので「すぐに浮気する」かもしれません。

　しかも，就活は短期決戦で，「誰か（少なくとも１社）」と相思相愛（両思い）にならなければなりません。３年生の後半からの数ヵ月で，自分が好きになり，相手も自分を気に入ってくれる会社と出会う必要があるのです。そのためには，企業分析をして，「自分は何を重視するか＝“就活の軸”を決めること」が，重要です。

　ここで，企業分析（仕事研究）には，業界，企業，職種の３つのレベルがあることを説明します。

　まず「業界」とは，事業内容が同じ企業の集まりです。例えば，金融業界，自動車業界，建設業界，小売業界，旅行業界などです。金融業界を，銀行業界，

保険業界，証券業界などに細分化することもあります。就活では，銀行業界を
さらにメガバンク，地方銀行，信託銀行，オンライン銀行，外資系銀行のよう
に分けて考える必要があります。

　次に「企業」とは，会社のことです。小さい会社は事業内容が理解しやすい
ですが，大企業の事業領域は多岐にわたり，グループ企業（子会社，関連会
社）も多いので，わかりにくいものです。例えば，NTT，ソニー，ソフトバ
ンク，リクルートといった大企業は，自分が興味ある事業を，どの事業部やグ
ループ企業が行っているのかを知る必要があります。また，採用活動をグルー
プ全体で行う企業と，個別の事業部や子会社ごとに行う企業があります。

　3つめの「職種」とは，企業内で行う仕事内容の分類です。例えば，営業，
販売，企画，人事，総務，広報，生産，技術，情報システム，研究開発などが
あります。営業の中でも，法人向け（B to B）営業と個人向け（B to C）営業，
あるいは既存顧客中心のルート営業と新規開拓中心の営業に分かれます。従来
の日本企業は，新卒社員は総合職として一括採用して，職種は入社後に決まる
のが一般的でした。しかし最近は，専門性の高い職種が増えたことや，入社後
のミスマッチを減らす目的で，職種別採用をする企業も増えてきました。

　したがって，業界，企業，職種の3つの視点で，自分の興味ある領域を調べ
ていく必要があるのです。

2　なぜ企業分析が大切か⑵：知っている仕事はごく一部

　次に説明するのは，学生や若者が知っている仕事（業界・企業・職種）は，
「世の中のごく一部にすぎない」ということです。

　就活を始めるとき，学生が志望しがちなのは，消費者として接する商品サー
ビスに関する業界（Business to Consumer，B2C）です。例えば，食品，日用
品，化粧品，自動車，旅行，ホテル，観光など，自分が買ったことがあったり，
テレビのコマーシャルで見たことがあったりする業界です。

　あるいは，華やかそうな業界も志望者が多くなります。例えば，テレビ・出
版・新聞などのマスメディア，広告代理店，航空会社やエアポート，ブライダ

ル，コンサルティングなどです。これらの企業は人気があり，応募倍率が100倍以上になることもよくあります。チャレンジは良いことですが，世の中にはたくさんの仕事があるので，他の選択肢も考えていくと就活がラクになります。

　日本には約3,900社の上場企業があります。経営コンサルや就職アドバイザーをしている私でも，そのうち1,000社程度しか知らないと思います。おそらく，若い皆さんが知っている（聞いたことがある）企業は，200社から300社程度ではないでしょうか。

　日用品のニトリという人気企業があります。リクナビのサイトには，プレエントリーという「その企業に興味がある」ことを示す機能があります。SNSの「イイネ」ボタンのようなものです。ニトリには，なんと13万人以上が，この「イイネ」を押しています。エントリー数は発表されないため，プレエントリー数からの推計で，ニトリには約3万人がエントリー（応募）するといわれます。日本で就活する大学生は約50万人なので，これは就活生全体の6％に相当します。応募者3万人に対し，採用数は300人なので，倍率は100倍です。

　同様のことが，いわゆる人気企業では起こっています。したがって，企業分析をして視野を広げ，自分が興味をもち，他の学生があまり気づいていない業界や企業に目をつけると，良いご縁につながりやすくなります。

　私がお勧めしているのは，就活のエントリー時期（3年生の2月頃）までに，「3つから5つの業界」に絞り，各業界の大手から中堅までの企業をよく調べ，興味ある企業を各10社，計30～50社のエントリー候補企業を決めることです。これができた人は，就活が上手くいきます。この逆で，10の業界の上位3社ずつにエントリーするような人は，おそらく苦戦します。

3　企業のデータの何を見るべきか：大事な数字を知ろう

　就職や転職を考えるとき，『会社四季報』や『業界地図』などの書籍，あるいはインターネットの就職・転職サイトで，企業のさまざまなデータや数字が出てきます。情報が限りなくあるため，「どのデータ・数字を見ればよいかわからない」という声をよく聞きます。そこで，「少なくともここだけは見てお

こう」というポイントをお伝えします。

　まず，企業が「株式市場に上場しているかどうか」を知ることが大切です。日本の上場企業数は，2023年12月現在，3,933社です。内訳は，東証プライム1,658社，スタンダード1,621社，グロース他654社です（注：2022年4月から，東証1部・2部などから，名称が変更になりました）。

　もちろん，上場していない（非上場の）優良企業もありますが，一般的には，上場企業は安定している優良企業です。また，上場企業の子会社（グループ企業）も，経営の安定という意味では，優良企業であることが多いです。

　2つめは，売上規模です。上場企業の中で，売上3,000億円以上は約460社，売上1,000億円以上は約940社，売上100億円以上は約2,600社しかありません。学生や若者が知っている会社は，テレビでCMをやっていたり，就職人気ランキングに顔を出したりする，売上1,000億円以上の"超大企業"がほとんどです。おそらく学生が知っている企業は，超大企業の中の200社程度で，学生の人気はここに集中しがちです。

　そこで私は，「売上100〜1,000億円の上場企業が狙い目」だと思っています。売上1,000億円未満でも，学生の知らない優良企業がたくさんあります。超大企業よりも，入社後に活躍できる可能性が高いかもしれません。

　ちなみに，「就職人気ランキング」というのは，キャリアコンサルタントの間では，「ラーメンを食べたことがない人による，おいしいラーメン屋さんのランキングと同じ」といわれます。まだ働いたことがない学生が，「何となくこの会社が良さそうだ」と思うだけのランキングなので，実際に良い会社かどうかの参考にはなりません。まして，自分自身にとって良い会社かどうかは，自分にしか判断できません。ランキングなどは，気にしないようにしましょう。

　3つめは，従業員数です。従業員は「500人以上」なら良いと思います。新卒の場合，新人研修をきちんとやってもらえるかは大事です。500人の企業であれば，20人程度の新卒同期社員がいるため，最初の研修も充実していることが多いでしょう。

　4つめは，成長性です。最近5年間の売上が伸びているかは，見ておきたいところです。ただし，コロナ禍の影響を受けやすい業界（航空，旅行，ホテル，

飲食店など）では，コロナの影響を差し引いて考える必要があります。

　最後の5つめは，離職率です。これはいわゆるブラック企業かどうかを見る指標の1つです。大学卒業後3年以内に離職する率は，平均30％ですが，業界によって異なります。その企業が属する業界の平均と比較して，うんと高くなければ大丈夫ではないかと思います。

4　就活情報の収集方法：信頼できる情報を集めるには

　この項では，就活に関する情報を集めるため，私がお勧めする方法を説明します。

＜業界を調べるには＞

①書籍『四季報業界地図』（東洋経済新報社）：ほぼすべての業界のビジネスモデルや成長性，将来性，主要企業を網羅的にみるために最適。志望業界が決まっていない人は，まず『業界地図』をパラパラ見て，興味の幅を広げるとよい。

②サイト『業界サーチドットコム』：無料サイトなので，情報の信頼性は今ひとつだが，多くの業界のトレンドや主要企業を一覧できる。

③書籍『○○業界がわかる本』：志望業界が決まっている人は，その業界について詳しく説明している本を読むとよい。業界構造，各企業の特徴などが理解できる。

④ネット検索：「□□業界のトレンド」「△△業界の課題」といったキーワードで検索すると，市場調査会社の無料レポートが見つかる。業界の特徴や課題を理解できる。

⑤新聞，雑誌記事検索：「日経テレコン」で，業界名や企業名で検索すると，新聞や経済誌の記事が検索できる。日本経済新聞，東洋経済，日経ビジネスなどの記事で，最新のトピックスが読める。

＜企業を調べるには＞

①個別企業ホームページ：会社概要，企業理念，社長のメッセージ，などは
　　必読。採用関連ページの「社員インタビュー」や「求める人物像」は，
　　エントリーシートや面接の参考になる。

②就活サイト（リクナビ，マイナビなど）の各社採用ページ：インターン
　　シップ，応募要件，スケジュールなどは必読。「過去の採用人数・採
　　用大学」「プレエントリー人数」なども参考にしたい。

③書籍『就職四季報　総合版』：就活生が見ておくべき，各企業の数字が網
　　羅的にみられる。採用に関する情報も豊富に掲載されている。

＜より詳しく調べるには＞

①業界説明会：IT業界，広告業界，物流業界，食品業界といった，１つの
　　業界全体の説明会は，多数，開催されている。複数の企業が参加して
　　いて，企業説明会を兼ねていることも多い。

②OB・OGによる説明会：多くの大学では，キャリアセンターなどが主催し，
　　ある業界や企業に入った卒業生を呼んで，後輩のために話してもらう
　　イベントを開催している。

③OB・OGや知人のヒアリング：関心ある業界に勤務する先輩や知人を探し，
　　訪問またはオンラインで話を聞く機会を持てるとよい。

④キャリアセンターの活用：大学のキャリアセンターには，卒業生が就職し
　　た企業についての情報がある。また，その大学から就職が多い業界に
　　詳しいキャリアアドバイザーがいることもある。

最後に注意事項として，ネットの匿名での書き込み情報については，参考に
ならない内容も多いことを理解しておきましょう。例えば，どんな企業でも，
その企業に向かなくて辞めた人は存在するので，「○○社はブラック企業」と
いった書き込みがあります。あるいは，不採用になった人が，わざと実際とは
異なる情報を書き込んでいることも散見します。ネットの情報については，ネ
ガティブな話は，気にしないほうがよいでしょう。

5　ブラック企業とは：その人の価値観による部分も大きい

　私は学生から「ブラック企業の見分け方を教えてください」とよく聞かれます。私の回答は，「売上100億円，従業員500人規模の会社であれば，大きな問題はないでしょう」です。この規模の企業は，一般的な労働法規を順守していると考えられるためです。

　例えば，長時間労働が慢性化しているとか，残業代を払わないとか，無理に退社を迫るような企業は，社員や関係者から各地域の労働基準監督署に連絡がいき，調査・指導・是正勧告の対象となります。悪質な場合や何度も指導を重ねられた場合は，企業名がネット上で公開されます。社名が公開されると，取引や採用に悪影響になるため，それなりの規模の企業であれば，法律を守っています。

　ただし，セクハラ・パワハラについては，あいまいな部分も多いため，外部からは判断が難しいこともあります。一般的には，売上100億円規模の企業であれば，ハラスメントについての社員研修を実施しているはずです。また，何か困ったときの相談窓口として，社内または外部の専門機関を用意している企業がほとんどでしょう。

　売上100億円未満でも，社内研修や相談窓口がある企業は数多く存在します。私は企業研修講師もしており，売上はそれほど大きくなくても，ハラスメント研修や管理職研修をきちんと実施している企業をたくさん知っています。

　いずれにしても，社内の制度は外部からはわかりにくいので，OB・OG訪問などで，若手社員に本音の話を聞く場があると安心です。そのような場がなければ，人事部に直接聞いても構いません。そこで納得した回答が得られない企業には，はじめから入社しないほうが安心でしょう。

　以上は，あきらかな法律違反やハラスメントについてですが，「何をもってブラック企業と判断するかは，その人の価値観による」ということを最後に説明します。

　人気のある業界，例えば，テレビ局，新聞社，広告代理店，コンサルティン

グ会社の多くは，20世紀ほどではないとしても，かなりの長時間労働です。面白いテレビ番組を作る，特ダネ記事を書く，人気の出るCMを作る，クライアントに役立つ市場分析をする，などの仕事はやりがいがあり成長実感があるので，多くの社員は納得して働いています。私が数年間勤務した経営コンサルティング会社も，激務の長時間労働でしたが，仕事のやりがいが大きかったので，それほど苦にはなりませんでした。

　一方，最もホワイトだと思われる公務員にも例外があります。国家公務員の上級職（霞が関のエリート官僚）は，「国家を背負う」というやりがいがあり，かつては花形の仕事でした。しかし，国会対策などで超長時間労働のため，若手の離職率が上昇しています。小中学校の教員も長時間労働で気苦労が多く，人気が低下しています。そのため，倍率が下がり，教育の質の低下が懸念されています。

　また，最近は多くの企業がホワイトになりすぎ，若手社員が「ここにいると成長できない」と感じて離職するケースも増えています。ゆるすぎる企業を「ゆるブラック」と呼ぶ新しい造語も生まれています。企業のマネジメントとしては悩ましいところです。つまるところ，自分がやりがいを感じられる仕事であれば，多少の長時間労働は，気にならないかもしれません。

第9章

就職にお勧めの業界・企業(1)

1　就職・転職にお勧めの業界：将来性の高い5つの領域

　本章のはじめに，キャリア（就職）についての考え方の変化をまとめておきます。若者の親世代である40歳代以上の人が社会人になった頃は，次のような考え方が一般的でした。

- ・大企業に入れば，一生安泰
- ・給与や福利厚生などの条件の良い企業に就職すべき
- ・1つの会社で勤め上げるのが良い（転職は負け組）
- ・上司からの指示を忠実にこなす人材が評価される
- ・学校で学んだ知識が定年までのベースになる

　しかし，グローバル化，少子高齢化，テクノロジーの進歩などで，社会は大きく変化しました。現在の若者世代に対し，多くのキャリア専門家は，次のようにアドバイスしています。

- ・柔軟に変化する企業が生き残る
- ・自分に合った企業に就職すべき（就職時には何が正解か，誰もわからない）
- ・転職や起業も視野に入れてキャリアを作る意識をもつ
- ・AIやロボットでは代替できない新たなアイデアや価値を生み出す人材が評価される
- ・社会人になっても学び続ける

　上記の前提で，私が就職・転職にお勧めしている5つの業界領域をご紹介します。若者だけでなく，中堅・シニアの方にもお勧めです。

1つめは，「IT系，ネット系業界」です。システム構築，ソフトウェア，Ｅコマース，ネット広告，オンライン教育など，いずれも成長が見込めます。文系でも，エンジニア職に就くことが可能です。

2つめは，「B2Bの業界」です。安定性とワークライフバランスが良い企業が多くあります。インフラ系，専門商社，法人向け製品のメーカーなどを含みます。

3つめは，「高齢化社会に対応する業界」です。医薬品，医療機器，予防診断，介護，高齢者向けサービスなど，社会的ニーズが高く，将来性があります。

4つめは，「高度なコミュニケーションが必要な業界・職種」です。不動産，保険など高付加価値製品の提案営業や，コンサルティング・カウンセリング的なサービスは，AIに変わりにくい仕事です。

最後の5つめは，「最先端技術の業界」です。ロボット，ドローン，次世代自動車，再生可能エネルギー，植物工場など，大いなる将来性があります。

資料として，『会社四季報　業界地図 2024』（東洋経済新報社），『日経　業界地図 2024』（日本経済新聞社），『業界サーチドットコム』（就職支援サイト https://gyokai-search.com/）などを参考にしています。

以降，1つずつの業界について，詳しく解説していきます。

2　IT系，ネット系業界：文系も大歓迎の企業も多い

IT系とは，広い意味で「情報サービス産業系の業界」を指します。経済産業省の「特定サービス産業動態統計調査（2023年2月）」によると，2022年の情報サービス業の売上は，前年比3.8％増の15.9兆円でした。2011年以降，業界売上が拡大しています。

既存システムの構築や更新，企業のDX（デジタルトランスフォーメーション），新しいIT関連ビジネスの拡大など，成長性，将来性が高い業界です。システム構築，ソフトウェア開発，クラウド，サイバーセキュリティなどの領域を含みます。

ネット系とは，広い意味で「電子商取引（Eコマース，EC）などインター

ネット関連ビジネスの業界」を指します。経済産業省の「電子商取引（EC）実態調査」によると，2021年の物販系ECの市場規模は，前年比8.6％増の13.3兆円でした。内訳は，食品・飲料，家電，衣類，生活雑貨，家具が大きい割合を占めています。

　すべての商取引のうち，電子商取引による比率（EC率）は，現在9％程度です。今後とも，ECはさまざまな領域で増えていくと考えられます。ECだけではなく，SNSなどのネットサービス，アプリサービスなどの領域を含みます。

　IT系，ネット系業界に求められる人材について，「自分は文系だからIT企業には入れない」と考える人も多いですが，IT系企業はどこも人材不足です。したがって，文系の学生や若者も，大歓迎の企業が多いのです。プログラミングを学んだことがなくても，ゼロから研修してもらえます。食わず嫌いはせず，一度「IT業界研究会」のようなイベントに参加してみることをお勧めします。

　システムエンジニアに求められる能力の1つは，論理的思考力です。そのため，私はいつも「中学校の数学が苦手でなければ，エンジニア職も選択肢になるのでは？」と学生に話しています。中学の数学で，確率や順列・組み合わせを考える問題が，論理的思考力の基礎です。「サイコロを2回振って，合計8になる確率は？」とか「5人の人が並ぶ順番には何通りあるか？」といった問題です。これがキライでなければ，エンジニアの適性があるかもしれません。

　IT系の資格には，ITパスポート，基本情報技術者，応用情報技術者，ITストラテジストなどがあります。文系出身者など，IT未経験の人は，IT全般の基礎知識が身につくITパスポートを取得することがおススメです。ITパスポートは国家資格で，合格率は約50％です。

　また，エンジニア職でなくても，営業や企画マーケティングなどの職種も多く募集しています。特に，新しいビジネスは狙い目です。Webマーケティング，ネット広告，データ分析，AI活用，ネットアプリ，動画配信，オンライン教育，eスポーツなどは，成長性が見込める面白い領域だと思います。

A．IT系サービス（システムインテグレータ）

・世界大手：IBM，アクセンチュア，コグニザント

- 国内メーカー系：富士通，日立製作所，NEC
- 国内ユーザー系：NTTデータ，野村総研，SCSK，伊藤忠テクノソリューション
  ズ（CTC），BIPROGY（旧日本ユニシス），日鉄ソリューションズ
- 国内独立系：大塚商会，TIS，富士ソフト，ネットワンシステムズ，オービック，
  DTS

　IT系の企業は，法人向けサービス（B2B）が中心なので，名前を聞いたこと
がないという人が多いと思います。しかしこれ以外にも，優良な大企業がたく
さんあります。

B．ネット系サービス

- 総合ECサイト：アマゾン，楽天，Ｚホールディングス（ヤフー），アリババ
- ファッションECサイト：ファーストリテイリング（ユニクロ），ZOZO
- 食品EC・ネットスーパー：オイシックス・ラ・大地，セブン＆アイ，西友，イ
  オン
- ポータル・検索：グーグル，ヤフー
- SNS：メタ（旧Facebook），X（旧Twitter），LINE，バイトダンス（TikTok），
  マイクロソフト（LinkedIn）
- その他：メルカリ（売買プラットフォーム），カカクコム（比較サイト），クッ
  クパッド（料理レシピ），ぐるなび（飲食店サイト），アイスタイル（化粧
  品の@cosme）

　ネット系の企業は，消費者向けサービス（B2C）が中心なので，名前を聞い
たことがある企業が多いかもしれません。これ以外にも，魅力的な新サービス
を展開している企業が多くあります。

　ちなみに，IT系の企業に興味があるというと，「ハードワークのブラック企
業が多いからやめておいたほうがよい」という人がいます。確かに10年前，20
年前は，「クライアントの締め切りが厳しいので，徹夜も仕方ない」といった
ブラック職場もあったようです。しかし最近は，働き方改革の推進で，昔のよ
うに無茶をさせる職場は減っているはずです。企業説明会などで，働き方につ
いても，確認してみることをお勧めします。

3　B2Bの業界(1)：法人顧客中心の製造業は優良企業が多い

　B2Bは「Business to Business」の省略形で，企業と企業の商取引が中心の業界を指します。製造業（メーカー）と卸売（商社）の間，卸売と小売の間などが企業間取引きです。対義語として，B2Cがあります。こちらは，「Business to Consumer」で，消費者に直接販売する業界を指します。食品，日用品，化粧品，アパレル，旅行，ブライダル，スーパーマーケット，家電量販店などが代表的なB2Cです。

　B2Bの代表的な業界は，法人顧客中心の製造業，法人対象のサービス業，商社，インフラがあります。一般的に，B2B業界は，安定性とワークライフバランスが良い傾向があります。消費者の変化により売上が左右するB2Cと比べ，B2B企業は売上が安定し，利益率も高めのため，給与レベルが高いことが多いです。また，企業が相手のビジネスなので，土日が休みで，過度な残業がなく，ワークライフバランスが良いことも定評があります。

　仕事の面では，B2Bの営業は，決まったお客様を訪問するルートセールスが中心で，高いレベルの提案営業力が身につきます。1人の営業パーソンが数千万円から数億円の年間売上になるため，ビジネスとして大きく，やりがいが感じられます。業界によっては，海外との取引も多く，海外出張や海外駐在もできる可能性があります。

　学生や若者は，自分が消費者として関わる機会が多いB2Cの企業しか知らないことが多いため，下記のような業界も調べてみることをお勧めしています。

　A．法人顧客中心の製造業（電子部品，機械，化学・素材など）

　B．法人顧客対象のサービス業（オフィス機器，海運・倉庫など）

　C．商社（総合商社，食品・医薬・素材などの専門商社）

　D．インフラ系業界（電気，ガス，鉄道等）

　ここからは，それぞれの業界について，詳しく説明します。

A．法人顧客中心の製造業

(1)　電子部品メーカー

　電子情報産業向けの部品は，世界で日本企業のシェアが高い領域です。顧客は世界中のエレクトロニクスメーカー，自動車メーカー，機械メーカーです。他に，自動車部品メーカーも優良企業が多いですが，ガソリンエンジンから電気自動車への流れの中で，生き残る部品の見極めが必要です。

- ・総合メーカー：村田製作所，京セラ，TDK，日東電工，キーエンス，ローム，オムロン，イビデン，新光電気工業，ミネベアミツミ，太陽誘電
- ・モーター：ニデック（旧日本電産），マブチモーター
- ・コネクター：ヒロセ電機，ホシデン，日本航空電子工業
- ・その他電子部品：スミダ，日本ケミコン，日本電波工業

(2)　機械系メーカー

　世界に通用する優良企業が多い領域です。工作機械は，自動車や電子機器などの部品を作るための機械メーカーです。産業機械は，工場で使う専門装置やその部品のメーカーです。建設機械は，ショベルカーなど建設・土木に使う機械のメーカーです。ロボットは工場で使う産業用途が中心です。

- ・工作機械総合：DMG森精機，牧野フライス製作所，オークマ，ヤマザキマザック
- ・自動車向け工作機械：不二越，ジェイテクト，岡本工作機械
- ・電機・精密向け工作機械：ブラザー工業，シチズン時計，ツガミ，スター精密
- ・産業機械：島津製作所，ダイフク，JUKI，ホソカワミクロン，荏原，THK，SMC
- ・建設機械：コマツ，コベルコ建機，日立建機，クボタ，住友建機，タダノ
- ・ロボット：ファナック，安川電機，ナブテスコ

(3)　化学・素材系メーカー

　世界中で「脱炭素」の流れがあるため，石油などに依存しない素材企業に将来性があります。総合化学メーカーは，石油化学への依存度を下げようとしています。

・総合化学：旭化成，住友化学，レゾナック，三菱ケミカル，三井化学，東ソー
・特殊化学品：カネカ，日産化学，三洋化成，JSR，トクヤマ，ADEKA
・半導体材料：信越化学，東京応化，田中貴金属，ステラケミファ，イビデン
・非鉄金属：JX金属，三菱マテリアル，住友金属鉱山，日本軽金属，三井金属
・繊維：東レ，帝人，クラレ，東洋紡，日東紡，グンゼ

4　B2Bの業界⑵：法人サービス業，商社も安定優良企業が多数

　ここでは，「B．法人顧客対象のサービス業」，「C．商社」，「D．インフラ系業界」について説明します。あまり知られていない優良企業がたくさんあります。

B．法人顧客対象のサービス業

⑴　オフィス機器
　もともとは，コピー機やプリンターなどのメーカーですが，現在では機器販売よりも，リースやデジタルサービス事業が中心になっている企業群です。
・コピー機・複合機：リコー，キヤノン，日本HP
・プリンター：セイコーエプソン，富士フイルムビジネスイノベーション，ブラザー工業，理想科学工業，東芝テック
・印刷：TOPPAN（旧凸版印刷），大日本印刷

⑵　海運，倉庫
　世界の海上輸送は，長期的にも増加していく見込みです。国内の倉庫や物流施設もECの拡大で上昇基調です。
・海運大手：日本郵船，商船三井，川崎汽船
・海運中堅：NSユナイテッド海運，共栄タンカー，第一中央汽船，飯野海運，明治海運，乾汽船
・保管型倉庫：三井倉庫，三菱倉庫，住友倉庫，日本トランスシティ，澁澤倉庫，安田倉庫，東洋埠頭
・冷蔵倉庫：ニチレイ，キューソー流通システム，ヨコレイ，Ｃ＆Ｆロジ

・物流関連の投資開発会社：大和ハウスリート，GLP，日本プロロジスリート

C．商社

(1)　総合商社

　石油，天然ガス，鉄鉱石，金属類などの資源調達の重要性は，今後とも高まっていきます。また，新規事業への大規模プロジェクトに投資できる点が強みです。

- ・5大総合商社：三菱商事，三井物産，伊藤忠商事，住友商事，丸紅
- ・大手商社：豊田通商，双日，兼松

(2)　専門商社

　特定の領域に特化した専門商社（卸）には，大学生が知らない優良企業が多くあります。原料供給者とメーカー，メーカーと小売店の間をつなぐ役割で，ルートセールスが中心です。医薬品商社や食品商社の営業職は，エリア採用も多く，全国転勤をしたくない人にお勧めです。

- ・医薬品：メディパル，アルフレッサ，スズケン，東邦薬品（共創未来グループ）
- ・食品：日本アクセス，三菱食品，国分，加藤産業，トモシア，三井食品，伊藤忠食品
- ・日用品：PALTAC，あらた，CBグループマネジメント
- ・鉄鋼：伊藤忠丸紅鉄鋼，阪和興業，メタルワン，日鉄物産，JFE商事，神鋼商事
- ・機械：岡谷鋼機，山善，ユアサ商事，ミスミ，トラスコ中山
- ・電子部品：マクニカ，加賀電子，レスター，リョーサン，菱電商事，丸文
- ・化学：長瀬産業，稲畑産業，三井物産プラスチック，オー・ジー，明和産業
- ・繊維：東レインターナショナル，蝶理，帝人フロンティア
- ・エネルギー：伊藤忠エネクス，岩谷産業，三愛オブリ，カメイ

D．インフラ系業界

(1)　電力・ガス

　電気とガスは，基本的な社会インフラとして安定した事業を展開しています。ただし，天然ガスや石炭の価格が世界的に高騰し，経営を圧迫していることに

は注意が必要です。

- ・電気：東京電力，関西電力，中部電力，北海道電力，東北電力，中国電力，九州電力
- ・ガス：東京ガス，大阪ガス，東邦ガス，西部ガス

⑵ **鉄道**

鉄道事業は，成長性があるとはいえませんが，不動産事業や街づくりで地域社会に貢献したい人にはお勧めです。

- ・JR：JR東日本，JR東海，JR西日本，JR貨物
- ・私鉄：東京メトロ，東急電鉄，東武鉄道，小田急電鉄，西武鉄道，阪急阪神ホールディングス，近鉄，西日本鉄道，名古屋鉄道

第10章

就職にお勧めの業界・企業(2)

1　高齢化社会に対応する業界：社会的なニーズが高い

　お勧め業界の３つめは，「高齢化社会に対応する業界」です。ここには，医療・介護，高齢者向けサービスが含まれます。いずれも社会的ニーズが高く，成長性や将来性のある領域です。やりがいを感じられる仕事も多いでしょう。

　日本の人口は，2023年には１億2,500万人で，そのうち65歳以上は3,600万人（約29％）です。国立社会保障・人口問題研究所が公表した「日本の将来推計人口」によると，少子高齢化が進み，日本の人口は2053年には１億人を割り，2065年には8,800万人になる見込みです。2065年の65歳以上は3,380万人，約38％になります。

　したがって，高齢者を対象とするビジネスは成長していきます。逆に，子どもや若者を対象とするビジネスは，国内市場が縮小していきます。学校，学習塾，子ども用品，おもちゃなどは，わかりやすい例です。飲食店，小売業，食品や日用品などの消費財も，海外展開ができない企業は，淘汰されていくでしょう。

　医療系の仕事というと，医師，歯科医師，看護師，薬剤師，理学療法士，臨床検査技師などの専門職が浮かびますが，ここでは大学や専門学校の専門学部を卒業しなくてもよい仕事の選択肢を紹介します。医療の場は，病院やクリニック，歯科クリニックなどですが，そこには多くの管理・事務系の仕事があります。

　病院にモノやサービスを提供するメーカーには，医薬品，医療機器，診断薬，医療材料などがあります。メーカーと病院の間をつなぐ医療系専門商社も大き

な業界です。医療ITサービスも，医師向け情報サイト，電子カルテ，オンライン診療等，多くの企業が成長しています。

　介護系の仕事では，介護施設の介護士・ケアマネジャーはもちろん，管理・事務系の仕事ニーズは高まっています。介護用品，訪問介護，デイケアサービスに関する仕事も増加していきます。医療・介護系の業界は，国が医療保険や介護保険を抑制せざるを得ない方向性のため，病院や地域によって経営的には厳しくなるケースがあるかもしれません。しかし，社会的なニーズは増加傾向で，「誰かの役に立つ」というやりがいを感じられる仕事だと思います。

　高齢者向けサービスには，高齢者用住宅，住宅リフォーム，食事宅配，葬儀，財産管理等，高齢者向けの新しいサービスが含まれます。

　ユニークなサービスをいくつか紹介します。株式会社エータイは，永代供養のコンサルティング会社です。先祖のお墓を地方から引っ越ししたり，永代供養墓に集約したりという煩雑な業務を代行する会社で，設立15年で年商15億円まで成長しています。

　高齢者が認知症になる前に家族信託により財産管理をする会社も増えています。また，高齢者の健康管理のためのアプリでは，「ダイエットのあすけん」「血圧ノート」「Welby血糖値ノート」などが有名です。今後も，新サービスが次々と開発されていくことでしょう。

　以降，医療・介護系と高齢者向けサービスの主な企業について説明します。

A．医療系メーカー

- 医薬品（新薬，内資系）：武田薬品，アステラス製薬，第一三共，エーザイ，大塚製薬，田辺三菱製薬，塩野義製薬，協和キリン，住友ファーマ
- 医薬品（新薬，外資系）：ファイザー，中外製薬（ロシュ），アッヴィ，ノバルティス，サノフィ，ジョンソン・エンド・ジョンソン，メルク，ブリストル・マイヤーズ・スクイブ
- 医療機器・検査機器：テルモ，ニプロ，オリンパス，富士フイルム，HOYA，日本光電，フクダ電子，シスメックス，オムロン
- 診断薬・臨床検査受託：HUグループ，PHCグループ，ビー・エム・エル，タカ

ラバイオ，栄研化学

・医療材料：ホギメディカル，白十字

B．介護系サービス

・介護施設：ニチイ，SOMPOケア，ベネッセ，ツクイ，セントケア，ユニマット，ソラスト

・介護用品：パラマウントベッド，フランスベッド，エラン，日本ケアサプライ

C．医療ITサービス

・医療情報サイト：エムスリー，メドレー，メドピア

・電子カルテ：富士通，ソフトウェア・サービス，シーエスアイ，NEC，レスコ，ソフトマックス，ワイズマン

・オンライン診療：LINEヘルスケア，MG-DX，MICIN

D．高齢者向けサービス

・住宅リフォーム：住友不動産，積水ハウス，大和ハウス，住友林業，カチタス

・高齢者向け食事宅配サービス：Drつるかめキッチン，メディカルフードサービス，まごころケア食

・葬儀：ベルコ，日本セレモニー，セレマ，公益社，ティア，レクスト

2　高度なコミュニケーションが必要な業界：人間にしかできない仕事

　お勧め業界の4つめは，「高度なコミュニケーションが必要な業界・職種」です。テクノロジーの進歩で，多くの仕事が機械・ロボット・人工知能（AI）に代替されていくといわれています。機械に代替されにくい仕事は，「人間にしかできない，複雑で感情豊かなコミュニケーションが求められる仕事」です。

　代表的な仕事は，「高付加価値製品の提案営業」です。製品がシンプルで，比較的安価な製品は，ヒトから購入する必要はありません。日用品，食品，書籍，衣類などは，無人店舗のセルフレジやネット販売がますます増えていくで

しょう。

　一方，複雑な製品サービスについては，ヒトによる丁寧な説明や提案がなければ購入には至りません。お客様の問題を解決していくソリューション（問題解決型）営業と呼ぶこともあります。家やマンションなどの不動産，生命保険や投融資などの金融商品，自動車，高級ブランド品などがこれに当たります。

　転職市場では，高付加価値製品を販売できる営業パーソンは引く手あまたです。私は以前，数百万円以上の高額な医療機器を病院に販売する企業に勤務し，中途入社の営業社員を採用していました。そこでは，医療系の経験がなくても，生命保険や自動車の営業で成功していた人は，医療機器の営業でも活躍できていました。どの業界でも通用する提案営業スキルが身についていたからです。

　提案営業以外では，コンサルティング，カウンセリング的なサービスも，機械に代替されにくい仕事です。企業経営のコンサルタント，人材教育の研修講師，人材紹介サービスのキャリアアドバイザー，美容師・理容師，ネイリスト，スポーツジムの個別トレーナー，個別指導塾の先生，投融資相談アドバイザーなどが該当します。

　これらの職種は，「高度なコミュニケーション力」以外に，「何らかの専門スキル」が求められます。多くの場合，専門的な勉強をする必要があります。わかりやすいのは，資格が必要な職種です。例えば，美容師・理容師は，専門の学校で資格を取る必要があります。専門のスキルに加えて，お客さんと上手なコミュニケーションができると，人気のある美容師・理容師になることができます。

　経営コンサルタントには資格はありませんが，論理的思考力，分析力，ビジネスの基礎知識などを身につけておく必要があります。スポーツジムのトレーナーも，スポーツ経験や身体に関連する勉強が必要になるでしょう。

　ここからは，高度なコミュニケーションが必要な業界の主な企業について説明します。

A．提案（ソリューション）営業スキルが得られる業界

(1)　不動産系

・不動産（デベロッパー）：三井不動産，三菱地所，住友不動産，野村不動産，東急不動産，ヒューリック，森ビル，東京建物

・戸建て住宅販売：大和ハウス工業，積水ハウス，住友林業，旭化成ホームズ，ミサワホーム，パナソニックホームズ，一条工務店，三井ホーム，飯田グループ，オープンハウス，ケイアイスター不動産，タマホーム

・マンション販売：三井不動産レジデンシャル，プレサンスコーポレーション，三菱地所レジデンス，日鉄興和不動産，エスリード，穴吹興産，フージャース，明和地所

これ以外に，不動産仲介，不動産管理などの業界もあります。

(2)　金融系

・生命保険（内資系）：日本生命保険，明治安田生命保険，第一生命ホールディングス，かんぽ生命保険，住友生命保険，ソニー生命保険

・生命保険（外資系）：ジブラルタ生命保険，プルデンシャル生命保険，アクサ生命保険，アフラック生命保険，メットライフ生命保険，マニュライフ生命保険

・損害保険：東京海上ホールディングス（東京海上日動火災，日新火災海上），MA＆ADインシュアランスグループ（三井住友海上，あいおいニッセイ同和損保），SOMPOホールディングス（損保ジャパン），共栄火災海上保険，ソニー損害保険

これ以外に，銀行，証券などの業界もあります。

(3)　自動車系

・自動車ディーラー（内資系）：トヨタカローラ，ネッツトヨタ，Honda Cars，日産系，マツダ系，三菱自動車系，ダイハツ系

・自動車ディーラー（外資系）：ヤナセ，イデアル，メルセデスベンツ，BMW，VW，ボルボ

自動車ディーラーは，地域ごとに展開しています。お客様と長い期間のお付

き合いを通して，提案営業力が身につきます。

B．コンサルティング，カウンセリング的なサービススキルが得られる業界

　⑴　**コンサルティング系**

　　・経営戦略コンサルティング：マッキンゼー，ボストン・コンサルティング，ベ
　　　　　イン，ATカーニー，アーサー・D・リトル，ローランド・ベルガー，経営
　　　　　共創基盤

　　・総合コンサルティング：アクセンチュア，デロイトトーマツコンサルティング，
　　　　　アビームコンサルティング，PwCコンサルティング，クニエ，シグマクシ
　　　　　ス

　　・シンクタンク系コンサルティング：**野村総合研究所，三菱総合研究所，みずほ**
　　　　　リサーチ＆テクノロジーズ，日本総合研究所

　コンサルティング企業は，他にも中小企業，営業，デジタル化，会計，業界
別などの専門領域別に多数あります。

　⑵　**人材系**

　　・総合人材サービス：リクルート，パーソル，パソナ，アデコ，マンパワー

　　・人材採用サービス：マイナビ，エン・ジャパン，ビズリーチ，エス・エム・エ
　　　　　ス

　　・人材紹介・派遣：JACリクルートメント，テクノプロ，メイテック，WDB

　前項で紹介したように，その他のサービス系の仕事も多くあります。美容
師・理容師，ネイリスト，スポーツジムのトレーナー，個別指導塾の先生など
です。これらの仕事は，全国展開している大企業よりも，地域ごとに展開して
いる優良企業を探すほうが良い出会いにつながるかもしれません。

3　最先端技術で社会に革新をもたらす業界：新技術で世界を変える

　お勧めの最後は，「最先端技術で社会に革新をもたらす業界」です（ここで
は9章で説明したIT系・ネット系以外の領域をとり上げます）。ロボット，次
世代自動車（EV），再生可能エネルギー，代替食品，宇宙開発などが良い例で

す。いずれも新しいテクノロジーを用いて，社会課題を解決していく領域で，高い成長性と将来性が期待できます。

　ただし，最先端のビジネス開発を行っているのは，大企業の新規事業部門，またはベンチャー企業が多いため，新卒で採用されるには，理系で専門性をもっていないと，難しいかもしれません。一部には，営業職などで文系学生を採用している企業もあります。自分が興味のある領域で，就転職活動における「良い出会い」があれば，考えてみるとよいでしょう。

　5つの業界例を挙げます。

(1)　ロボット

　産業用ロボットは，工場の製造・組み立て工程の自動化に使われるロボットで，日本が世界に誇る技術をもっています。ファナック，安川電機，三菱電機，不二越などが大手です。医療用ロボット，物流支援ロボット，ドローン，家族やペットのようなソーシャルロボットも有望な領域です。

(2)　次世代自動車

　世界でEV（電気自動車）へのシフトが加速しています。既存の完成車メーカーに加え，米国のテスラ，中国のBYDや上汽通用五菱汽車，オランダのステランティスなどが参入しています。自動運転技術の開発と合わせ，自動車部品やソフトウェアについても，多くの企業が開発競争を行っています。

(3)　再生可能エネルギー

　地球温暖化防止のため，2050年までにカーボンニュートラル（脱炭素化）を達成する目標があります。そのため，太陽光発電，風力発電，地熱発電，バイオマス発電などの開発・普及に関わる企業は成長性があります。

(4)　代替食品

　世界の食料問題への対応，環境への配慮などから，家畜から別のたんぱく質への移行が進んでいます。大豆などの植物由来の原料や，微生物を使用した代替肉の市場が拡大しています。また，培養魚，培養エビ，昆虫食の開発も盛んです。

(5)　宇宙開発

　宇宙の商業利用のための開発が，世界で加速しています。日本はロケット開

発では出遅れていますが，人工衛星や関連部品・データ解析の領域では，開発
競争に参入している既存企業やベンチャー企業が数多くあります。

　他にも，植物工場，高機能ドローン，空飛ぶ車なども有望です。「最先端技
術の業界」は全体的に，世界での開発競争が激しいため，就転職においては，
「自分がやりたい仕事に就けるか」，「ビジネスの継続性があるか」の見極めが
大切です。

第11章

成功する就職活動(1)：全体へのアドバイス

1　最近の就活トレンド(1)：早期化が顕著

　最近の新卒学生の就職活動は，まさに「売り手市場」です。戦後のベビーブームで生まれた「団塊の世代」が定年退職を迎えた数年前から，若者の人手不足が顕在化してきました。コロナ禍の影響で，一時的に採用を控えた業界（観光，航空，外食，小売りなど）もありましたが，多くの業界が若手人材の採用を活発に継続しています。

　図表11-1は，大学3年春からの就職活動の流れです。3年生の6〜9月に行われるサマーインターンシップが，一般的な就活の始まりです。①のインターンシップに応募する業界・職種を決めるためには，②の自己分析と③の仕事研究が必要です。

　インターンシップは夏休み後の秋から冬にかけても行われます。学生は，自己分析と仕事研究を繰り返して，④の本エントリーの準備をすることになります。企業にエントリーした後に，⑤企業説明会があり，4年生の6月から⑥筆記試験や面接が始まり，⑦内々定が出ます。

　経団連に加入している大企業は，このプロセスで採用活動を実施するのがタテマエですが，実際に，このタイミングを守っている企業はほとんどありません。多くの企業は，サマーインターンの前後に，自社に興味をもってくれる学生をリストアップし，早ければ秋から冬にかけて，早期選考を実施しています。

　もともと，外資系企業，ベンチャー企業，中小企業，通年採用している企業などは，経団連のタイミングを守る必要がありません。例えば，外資系企業の中には，サマーインターンで評価が高かった学生を面接して，3年夏から秋に

図表11-1　大学３年からの就職活動の流れ

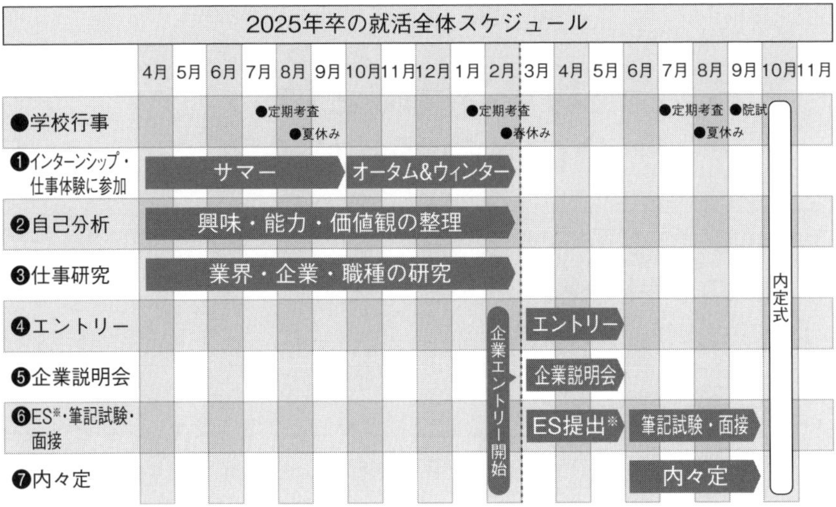

※ES＝エントリーシート
出所：マイナビ

は内々定を出す企業も多くあります。優秀な学生は取り合いになるため，経団連に加入している大企業も，インターンシップ，OB・OGとの懇談会，業界研究会といった名目で，早期選考を行っているのが実情です。

　コロナ禍で，企業も学生もオンラインに慣れたため，企業説明会や面接を対面で行う必要がなくなったことも早期選考に拍車をかけています。対面だと，ある企業の本社周辺をリクルートスーツの学生が大勢うろうろして，早期選考していることがバレてしまいますが，オンラインだと世間の目に触れにくいのです。

　図表11-2は，内定率（正確には内々定を１つ以上もっている学生の比率）の月ごとの推移を，12年卒から24年卒まで比較したものです。選考解禁が現在と同じ６月になった17年卒以降でみると，内定率が右肩上がりになっており，早い時期に内定をもらう学生が増加していることがわかります。

　例えば，一番下の折れ線グラフは３月１日（エントリー開始）時点の内定率を示し，17年卒の5.0％に対し24年卒は32.4％になっています。下から四番目の

図表11-2　内定率の推移

24年卒の４月１日時点の内定率は53％。早期化の傾向が顕著。

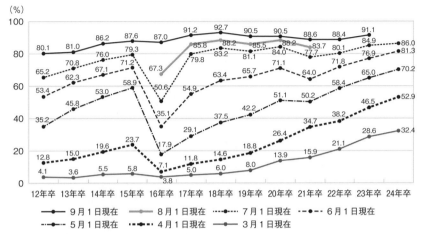

※15年卒までは選考解禁は４月，16年卒は８月，17～24年卒は６月
※15年卒以前と22年卒以降は８月のデータはなし

出所：ディスコ調査

　折れ線グラフは６月１日（面接開始）時点ですが，17年卒の54.9％に対し24年卒は81.3％になっています。早期化が進んでいることが明らかです。

　24年卒の４月１日時点の内定率は52.9％なので，３年生のうちに，半数以上が何らかの内定をもらっていることになります。実際には，本命となることが多い経団連加入の大企業や，公務員，教員などの面接は６月以降に行われるので，あわてる必要はないのですが，友人がみんな内定をもっていると，あせる学生もいます。

　でも就活は，「早くたくさん内定をもらうゲーム」ではありません。自分で納得のいく仕事に，１つ出会えればよいのです。自分のペースで着実に進めていきましょう。

2　最近の就活トレンド⑵：インターンシップに参加しよう

　最近は多くの企業が，自社を学生に知ってもらうため，インターンシップを開催するようになりました。3年生の夏休み前後に開催するのが一般的ですが，一部には2年生も受け入れる企業もあります。インターンシップの内容は企業によりさまざまで，2〜3週間かけて仕事体験をさせる企業もあれば，半日の企業説明会程度の企業もあります。

　　　注：25年卒からは，短期インターンシップは，オープンカンパニーや1
　　　　day仕事体験という呼称になります。

　複数のナビサイトの調査によると，24年卒の80％以上がインターンシップに参加しました。平均5社に参加しているので，学生は3年生からかなりの時間を就活に費やしています。勉強，友人との交流，部活やサークル活動，アルバイト，読書など，本来の学生生活とのバランスをとることも大切です。

　インターンシップの主目的は，自己分析，仕事研究を深めるためです。私は次のようなアドバイスをしています。

　・まず，マイナビ，リクナビなどに登録して，気楽に申し込んでみる。
　・多くの選択肢から絞り込むため，短期でよいのでさまざまな業界の話を聞く機会をもつ。
　・興味のある職種を実際に経験してみる。特にIT系，営業系は「食わず嫌い」にならないように，一度は参加してみるとよい。
　・一部の例外を除き，実際の就職につながることは期待しないほうがよい。
　・本エントリーより採用人数が少なく，倍率が高いので，ダメでもがっかりしない（本番で再びエントリーすればよい）。

　IT系企業のインターンに参加を勧める理由は，9章2節でも説明したように，ITスキルのある「デジタル人材」は絶対的に不足しているからです。IT企業のエンジニアやプログラマーは，文系学生も大歓迎の企業が大多数です。ITの知識はゼロでも，入社後に丁寧な研修があります。文系でも，中学までの数学がキライでなければ（基本的な論理的思考力があるはずなので），IT系

も検討してみると選択肢が広がるでしょう。

　また，営業系のインターンの参加もお勧めします。文系総合職を採用する企業のほとんどにおいて，新入社員の配属は営業か販売になります。そのため，営業を避けると選択肢がうんと狭くなります。営業と聞くと，消費者向けの飛び込み営業（B2C）のイメージが強く，「自分には無理」と思い込んでいる学生がたくさんいます。法人営業（B2B）は，高価格で高付加価値な製品サービスを企業に提案して購入してもらう仕事なので，学生が想像している営業とは違います。インターンを通じて，「営業の仕事」を理解できるとよいでしょう。

3　最近の就活トレンド(3)：人気企業の倍率は100倍以上！

　大学生や若者は，当然ながら，世の中にどんな企業があるかについて，あまり知りません。したがって，自分が消費者として接する業界に人気が集中します。

　図表11-3は，「リクナビ2024」のサイト上で，ある企業を「プレエントリー候補として登録した人数（A）」を「採用予定人数（B）」で割り算したものです。大学生が知っている消費財系の代表的企業5社を，B2Bの優良企業5社と比較したものです。

　「プレエントリー候補として登録した人数（A）」は，その企業に興味があることを意思表示した（「イイネ」ボタンを押した感じ）だけなので，実際にエントリーするのは，この人数の20〜30％といわれています。

　例えば，日用品のニトリには，13万7,764人が登録しています。日本の大学生の1学年は約60万人で，そのうち一般的な就職活動をするのは40〜50万人です。50万人のうち13万人なので，就活生の4人に1人以上が，ニトリに興味をもっているわけです。単純にAをBで割ると，なんと460倍になります。実際には，ニトリに本エントリーする学生数は約3万人といわれます。採用人数は300人なので，それでも倍率は100倍です。

　同様に，AをBで割ると，飲料のサントリーは380倍，お菓子の江崎グリコは460倍，おもちゃのタカラトミーは540倍，ディズニー運営のオリエンタルラ

図表11-3　人気企業の倍率

大学生が知っている消費財系企業は，倍率がとても高い。
（出所：リクナビ2024，2023年10月14日現在）

社名	プレエントリー候補登録人数(A)	採用予定人数(B)	倍率(A/B)
＜消費財系の人気企業＞			
・ニトリ	137,764	301-	460
・サントリー	76,408	101-200	380
・江崎グリコ	13,965	26-30	460
・タカラトミー	16,398	26-30	540
・オリエンタルランド	10,168	36-40	250
＜B2B企業（すべてプライム上場企業)＞			
・あらた（日用品商社）	567	46-50	11
・朝日工業社（空調設備）	1,088	41-45	24
・大建工業（建材メーカー）	837	31-35	24
・大塚商会（ITシステム）	14,826	201-300	49
・アルファシステムズ（SW）	4,542	101-200	23

ンドは250倍となります。本エントリーの倍率はこの20～30％だとしても，少なくとも数十倍という，宝くじ並みの高倍率です。

　一方，比較の意味で，B2B企業の場合は，日用品商社のあらたが11倍，空調設備の朝日工業社が24倍，建材メーカーの大建工業が24倍，ITシステムの大塚商会が49倍，ソフトウェアのアルファシステムズが23倍となります。これらの企業は，いずれもプライム上場企業で，私の就活支援経験から，良いイメージをもっている優良企業です。本エントリーの倍率は，3～15倍と思われます。

　B2B企業のほうが給与レベルが高く，ワークライフバランスが良いことも多いです。よく業界研究をして，他の人が知らない企業に興味をもつことで選択肢が広がります。

4　最近の就活トレンド(4)：B2C業界は離職率が高い

　前項に引き続き，大学生や若者が安易に就職を考えがちな消費財系企業やB2C業界への注意事項です。**図表11-4**は，厚生労働省が2020年10月に発表し

た大学卒業３年後の業界別離職率の調査結果です。2017年３月に大学を卒業した人が，2020年３月までに離職した比率なので，2020年春からのコロナ禍の影響はほとんどありません。

　３年後離職率が高い業界から見ていくと，１位は宿泊業，飲食サービス業で52.6％です。ホテル・旅館，飲食店，外食産業などの業界です（ちなみに，2021年発表の同調査では，コロナ禍の影響もあり，61.6％に上昇しています）。

　２位は生活関連サービス業，娯楽業で46.2％です。ここには旅行，冠婚葬祭，映画館，美容室，クリーニング，温浴施設，遊園地，パチンコ，カラオケなどが含まれます。３位は教育・学習支援業で45.6％です。これは幼稚園，学校法人，塾，語学学校，教育産業などの業界です。４位は小売業で39.3％です。ここには，百貨店，スーパーマーケット，コンビニエンスストア，ドラッグストア，家電量販店，携帯販売代理店，書店，ホームセンター，ディスカウントストア，リサイクルショップなどが入ります。

図表11-4　大卒３年以内の業界別離職率（厚生労働省の2017年３月卒業者調査）

第１位　宿泊業，飲食サービス業：52.6％	多くはB2C業界
第２位　生活関連サービス業，娯楽業：46.2％	（土日が休めない，給与が
第３位　教育，学習支援業：45.6％	低いことが多い）
第４位　小売業：39.3％	
第５位　医療，福祉：38.4％	
第６位　サービス業(他に分類されないもの)：37.2％	
第７位　不動産業，物品賃貸業：34.2％	平均より高いもの
第８位　学術研究，専門・技術サービス業：33.7％	

調査産業計（平均）：32.8％

平均より低いもの

第９位　卸売業：30.4％
第10位　建設業：29.5％
第11位　情報通信業：29.4％
第12位　複合サービス事業：27.6％
第13位　運輸業，郵便業：25.6％
第14位　金融，保険業：24.8％
第15位　製造業：20.4％
第16位　鉱業，採石業，砂利採取業：14.0％
第17位　電気，ガス，熱供給，水道業：11.4％

　ここまでの上位（ワースト）４業界の共通点は，個人の一般消費者相手の
B2C業界ということです。個人客が相手だと，どうしても週末や長期休暇の時
期が忙しく，土日はあまり休めません。夜までの勤務も多く，シフト制などで
生活も不規則になりがちです。また，B2C業界は競争が激しく，利益率が高く
ないため，給与も低いことが多いのです。

　B2C業界に親しみを感じる学生は多いですが，入社後にガッカリすることの
ないように，労働条件や就業環境をよく調べ，納得してから志望することをお
勧めしています。

　全業界の平均は32.8％なので，３人に１人は３年以内に離職しています。転
職を特にマイナスに考えすぎる必要はありませんが，３年以内の離職はその人
にとってあまりプラスにはなりません。就職時にもっと業界研究をしておけば，
かなりの人の早期離職は防げるのではないかと思います。

5　最近の就活トレンド(5)：書類で大半が落とされるのが現実

　新卒採用をする企業は，まずSPIなどの適性検査とエントリーシート（ES）
で，面接が可能な人数まで絞り込みます。人気のある業界・企業では，採用人
数の数十倍以上の応募がありますので，SPIで足切りをして，ESの内容で大半
は「ご縁がない」ことになります。

　企業にもよりますが，応募者のうち，面接に呼ばれるのは，20〜30％程度で
はないでしょうか。したがって，周到なESの準備は，とても大切なのです。

　例えば，私がある医療機器企業に勤務していた頃，新卒20名の募集に対し，
約2,000名のエントリーがありました。SPIとESで絞り込み，１次面接に呼んだ
のは300名，全体の15％でした。ちなみに，２次面接には100名，最終の役員面
接に40名を呼んで，最終的に20名が入社しました。このとき，私は役員として
10名の最終面接を担当しましたが，人事部に「この10名から５名を選んでくだ
さい」と言われ，皆さんが優秀なので，とても悩んだことがあります。同質の
人ばかりを選ぶわけにもいきません。採用する企業側もたいへんです。

　さて，ES作成のコツですが，企業の人事担当は忙しいので，１人のESは30

秒程度しか読みません。わかりやすい文章で，自己PRが上手にできているES
は，通過する確率が上がります。ESでは，「自分の強み」「学生のとき，力を
入れたこと（学チカ）」「志望理由（なぜその業界・その企業なのか）」が，大
事な項目のトップ3です。特にこの3項目は考え抜いて書きましょう。

　ESは，面接に呼んでもらうための書類で，あなたの「製品カタログ」のよ
うなものです。「この人に会ってみたい」と思わせないといけません。ウソで
はない範囲で，多少背伸びをして書いてよいのです。日本人は謙虚なので，多
くの学生が，最初に自分で書いたESドラフトは，とても遠慮がちになります。

　そこで，私はよく学生に「ESは映画のチラシと同じ」と話します。映画の
チラシでは，「全米が泣いた！」「○○監督，生涯最高の傑作！」「史上最高の
○○サスペンス」といったインパクトの強い表現があります。チラシは，「ホ
ントかな？」と思いながらも，映画を見てもらうためのツールだからです。
ESも，映画ほど極端な表現は必要ありませんが，考え方は同じです。自己PR
を遠慮することはありません。

6　就職活動全体へのアドバイス：5つの大切なポイント

　ここで，就活全体について，私が大切だと思うことをアドバイスします。

① 　毎年，大学生（大学院生含む）は約60万人います（そのうち就職活動を
　するのは40〜50万人といわれます）。大学生は，自分が知っている消費財
　系企業に集まりがちで，倍率が100倍以上になることも珍しくありません。
　多くの学生とは違う選択のほうが，競争率は低くなります。

② 　自分の大学や学科の卒業生が過去10年に何人かいる企業は，狙い目です。
　OB・OGにコンタクトできる機会を積極的に探しましょう。自分で知り合
　いのツテをたどってコネクション（人間関係）を作るコミュニケーション
　力や積極性は，社会に出ても必要な能力です。

③ 　将来のことは誰もわからない時代なので，まず3年，できれば5年働く
　気がする企業を探すつもりで，気楽に就活に臨めばよいと思います。一生
　働く会社を探そうとして，結局，行動に移せないより，ずっとマシです。

　３年以内の転職はお勧めしませんが，３年働いてイヤなら転職すればよい
のです。

④　若いうちに，たいへんそうな仕事（例えば，営業，システム開発）に
チャレンジすると，多くの「トランスファラブルスキル」が身につき，そ
の後の選択肢が大きく広がります。特に文系総合職は，営業を避けると，
将来の可能性をとても狭くします。

⑤　企画，人事，広報，マーケティング，SDGsなどを希望する場合，新卒
が最初から配属される可能性は低いので，将来，それが可能そうな企業か
を見極めましょう。その企業で自分が活躍でき，高く評価されそうかどう
かは重要なポイントです。

7　仕事選びで重要なこと：自分を高く評価してくれるかどうか

　就活は，内定獲得がゴールではありません。入社後に，自分が大事にしても
らえそうか，高く評価してくれそうかどうかは，とても重要です。

＜入社後に重要な３つのポイント＞
　・最初の配属で，希望の仕事ができそうか？
　・入社後に，自分が活躍できそうか？
　・10年後に，それなりにエラくなれそうか？
　例えば，あなたが中学校の野球部で活躍していると仮定します。高校の野球
部を選ぶとしたら，どちらを選びますか？
タイプＡ：甲子園に出るレベルの強豪校に行きたい
　・練習は厳しいが，良い監督やコーチがいるので，野球はうまくなれるだろ
う
　・でも，野球以外の時間はあまりとれないかもしれない
　・うまい選手が集まるので，レギュラーになれる確率は高くない
　・甲子園に出られたら素晴らしいし，それを応援するだけでもいいかな
タイプＢ：自分が試合に出られる高校に行きたい

・練習は強豪校ほど厳しくない

・野球以外のことにも，時間がとれるだろう

・自分でもレギュラーになれる確率は高そう

・甲子園は難しいが，県大会ベスト８を目指し，試合に出られるのは応援より楽しい

　あなたはどちらのタイプでしょうか？　タイプＡの人は，いわゆる有名企業に向いている人だと思います。タイプＢの人は，自分が活躍できそうな企業に向いている人でしょう。仕事の場合には，試合に出られる人は管理職になれる人なので，管理職になれない人より給料も高くなることが多いです。

　私の場合は，タイプＢでした。「スポーツをやるなら，試合に出たい」と思い，ソフトテニスを始めました。野球やサッカーは運動が得意な人が多く，バレーボールやバスケットボールは背が低いと不利だと思ったからです。ソフトテニスを始めたおかげで，それほどスポーツ万能ではなくても，高校と大学で試合に出ることができ，楽しい思い出ができました。また，大学では体育会の部活に入り，卒業後も多くの人とつながりを持つことができました。

　就職のときも，私は「会社で働くなら，何となくエラくなりたい」と考えました。そこで，優秀な人が多すぎる会社は避けよう，自分を高く評価してくれる会社がよい，と思いました。その結果，中堅化学メーカー２社に内定をもらい，そのうちの１社である三菱油化に入社しました。そして希望どおり，農薬の開発部門に配属になりました。

　しかし，入社５年後に，バブル経済が崩壊して会社の景気が悪くなり，自分がいた農薬部門は外資系企業に売却されてしまいました。三菱油化自体も吸収合併されて三菱化学という大きな会社になり，居心地が悪くなりました。そのため30代半ばで転職し，面白いキャリアになりましたが，何が正解だったのかは今でもわかりません。

8　仕事選びのポイント：決め手となる項目の優先順位づけをしよう

　大学生のアンケートで「就職先を確定する際に決め手となった項目」で上位

にくるのは,「自分の成長が期待できる」「研修制度が充実している」「福利厚生や手当が充実している」「残業が少ない」「安定性がある」などです。

　しかし,「就活に関する学生アンケート」や「人気企業ランキング」は,前述したように「ラーメンを食べたことがない人」による「ラーメン屋さんの人気投票」と同じです。あまりアテになりません。他の学生の意見は,気にしすぎないようにしましょう。学生より,「若い社会人の先輩の意見」や「社会人が転職したい会社ランキング」などのほうが参考になります。

　図表11-5は,私が考える「仕事選びのポイント」のリストです。「志望する業界の成長性,将来性」「その業界への興味,関心」は,最初に考えるべきポイントです。どの業界でキャリアをスタートするかは,その後の長いキャリアに大きな影響を与えるからです。

図表11-5　仕事選びのポイント

＜業界＞	＜制度,社風＞
・業界の成長性,将来性	・勤務地
・業界への興味,関心	・転勤の有無
	・残業代,ボーナス
＜企業＞	・休暇のとりやすさ
・理念やビジョンへの共感	・女性の働きやすさ
・企業／職種への興味	・住宅手当などの福利厚生
・自分が成長できるか	
・知名度	＜その他,その人個人による項目＞
・規模(売上,従業員数)	・グローバル展開,海外駐在
・安定性	・出世できそうか
・成長性	・女性の管理職を育てる意欲
・給与(入社時,40歳時,生涯)	・信頼できる先輩がいる
・雰囲気が良い	・将来,独立するためによい
・ある程度長くやれそうか(離職率)	・副業できる
	・テレワーク,ワーケーション

　次に,志望する企業について,「理念やビジョンへの共感」「その企業／職種への興味」「自分が成長できるか」は,常に大事なポイントでしょう。

　それ以降のポイント,「知名度」「規模(売上や従業員数)」「安定性」「成長

性」について何を重視するかは，1人ひとりの価値観によって異なるでしょう。「給与」については，「入社時」よりも，むしろ「40歳時」や「生涯賃金」の期待値を見るべきだと思います。

　制度や社風については，「勤務地」や「転勤の有無」が気になる人もいれば，「休暇のとりやすさ」や「女性の働きやすさ」を重視する人もいるでしょう。

　その他については，個人の希望によるところが大きい項目です。海外に行きたい人，出世したい人，女性管理職を目指したい人，将来独立したい人，といった志向によって重視する項目は異なるでしょう。

　他にも，「残業が少ないか」「土日が休めるか」「営業で入社した後，他の職種へ異動できそうか」「産休・育休の充実度」といった項目もあるかもしれません。

＜ワーク＞　自分の仕事選びのポイントで，大事なものを10点挙げて，優先度
　　　　　　が高いものから，1から10までの順番をつけてください。

メモ

第 12 章

成功する就職活動⑵：自己分析の方法

1　就活は自己分析が第一歩：自己分析（自己理解）の方法

　仕事，キャリアを考えるには，まず自分自身をよく理解する必要があります。そのためには，次の問いを自分なりに深く考えてみましょう。

・自分は何に興味があるのか？

・自分はどんなことをしているとワクワクするか？

・自分はどんな仕事をしてみたいのか？

・自分はどのようなことに価値を見出すか？

・自分はどんな人生を歩みたいのか？

　といっても，20歳くらいのときには，簡単に答えが出ないことが普通です。あわてる必要はありません。卒業までに，1社と出会えばよいのです。

　自分を理解するためには，次のような方法があります。

①　友人と話す：周囲の友だちと就職や将来について意見交換することで，多くの気づきがあると思います。自分の考えていることを言葉に出す（言語化する）ことで，自分の考えを整理することができます。

②　両親や先生と話す：身近な大人は親や先生でしょう。長い人生経験からのアドバイスは同世代にない視点があると思います。ただし，自分の世代の価値観を押し付けようとする大人の場合には，話を聞くだけにして，少し距離を置くほうがよいこともあります。

③　社会人の先輩の話を聞く：自分が興味のある業界で仕事をしている先輩に話を聞くことは，仕事研究も兼ねて有効な方法です。特に，社会に出て10年以内の人の話は，就活の経験も参考になることが多いの

でお勧めです。

④　自己分析ツールを活用する：RIASECという職業適性診断ツール（5章
　　4節参照）や自分のこれまでを振り返るライフラインチャート（本
　　章4節参照）といった方法があります。大学のキャリアセンターで
　　ツールを提供してくれることもあります。

⑤　本を読む：キャリア形成や就職活動について参考になる本はたくさんあ
　　ります。

⑥　仕事体験をする：アルバイトやインターンシップで体験してみることは，
　　その仕事を知ること以上に，自分の適性を知る意味でも価値があり
　　ます。

⑦　日記を書く：ノートを1冊決めて「就活日記」をつけることも良い方法
　　です。自分がその日に考えたこと，誰かに聞いて感じたことなどを
　　メモに残していくことで，新たな気づきがあると思います。

2　私の自己分析：学生時代の体験から，就職について考えたこと

　皆さんの参考として，私自身が学生時代までの体験を通じて，自己理解・仕
事理解をして考えたことを，まとめてみます。

・高校と大学ではソフトテニス（軟式庭球）部で活動しました。それほど上
　手くなくても続けられたのは，練習やレギュラー争いは厳しくても，「目
　標が明確で，勝ち負けがあることが好き」だったからです。実は，私は音
　楽も好きで，中学では吹奏楽部に所属していました。でもスポーツと違っ
　て，音楽には目標や勝敗が明確ではない点を物足りなく感じていました。

・大学では修士課程まで進み，昆虫の微生物について研究しました。昆虫は
　好きでしたが，就活の時期になると昆虫に関連する仕事はとても少ないこ
　とに気がつきました。また，私には一日中，誰とも話さずに研究室にこ
　もっているような生活は少し退屈でした。一方，そんな生活でも楽しそう
　な学生もいて，「自分は彼らに比べると，研究者には向いていない」と感
　じました。

・高校では，毎年夏と冬に行うクラス対抗競技大会の実行委員をしました。大学では，学園祭のイベントを主催しました。このようなイベント運営の経験からは，「チームでワイワイと話し合って，プロジェクト的なことを実行するのが好きだ」ということを認識しました。

・子供の頃から，海外にはずっと憧れがありました。大学院生のとき，学生ローンで50万円の借金をして，初めての海外旅行に行きました。約１ヵ月，１人でヨーロッパの主要国をまわり，「仕事で海外を飛び回りたい」という気持ちを強く持ちました。

・大学生の冬休みに，スキー場の若者向けホテルで２週間の住み込みアルバイトをしました。旅行や観光の仕事に興味はありましたが，実際にやってみて，「人が休む時期が忙しい」ことを実感しました。自分はクリスマスや正月に働くのではなく，休める仕事に就きたいと思いました。

・大学院生のとき，北海道の自然保護を行うNPOの活動に参加しました。約１ヵ月半，知床の山でキャンプ生活を送り，ヒグマのフンや天然記念物のシマフクロウの羽毛の調査を実施したのです。環境保護活動に興味はありましたが，それを続けるために，ある程度の給料をもらえる仕事は，地元の公務員か教員しかないことを知りました。

・大学時代には，家庭教師や塾講師のアルバイトもしました。誰かに教えるのは好きでしたが，目的が「良い学校に入れること」だと，モチベーションが維持できそうもないと感じました。

・海外に興味があったので，大手商社に勤務する先輩に話を聞きに行きました。そこで言われたのは，「商社の仕事は基本的に営業で，接待が多い。海外とは時差があるので，接待で酒を飲んだ後，海外と電話やFAX連絡をしないといけないことが多い。つまり，酒が弱いとつらい」ということでした。私はアルコールに強くはないので，商社はあきらめました。

　これらの体験から，「生物の知識が活かせるメーカー」で「海外に行くことができる可能性のある事業」に携われそうな会社に絞って就活をすることにしました。皆さんも自分の体験を振り返り，自己分析につなげてください。

3　自己分析の目的：エピソードを思い出す

　就活では自己分析が大切ですが，先に「自己分析の目的」を明確にしておきましょう。就活における自己分析の目的は，要するに，「①どんな業界・企業・職種に応募するか決めるため」と「②応募書類（エントリーシート，ES）に書くため」です。

　マジメな学生さんにときどき見られるのですが，「自己分析の沼にハマる」のはよくありません。自己分析は自分を深く知ることなので，いくらやってもキリがないからです。①②の目的が達成できれば，それ以上に時間をかけなくても構わないのです。

　ESで大事な項目は，「学生のとき，力をいれたこと（学チカ）」「自己PR（アピールポイント，強み）」「志望動機（その業界，企業，職種について）」の3つです。まず，ESに書くことのできそうな体験，エピソードを思い出してみましょう。

＜自己分析のワーク（図表12-1）＞

　過去の自分を振り返り，印象的な出来事を思い出してみましょう。高校までと大学のそれぞれの時期に，部活，趣味・特技，勉強，好きだったこと，頑張ったこと，印象に残ったことなどを書いていきます。

　高校時代までのことも，自己PR，志望動機，趣味・特技などには，書くことができます（「学チカ」だけは，「学生のとき，力をいれたこと」なので，学生になってからのエピソードがよいでしょう）。

　特に，大学生活については，詳しく整理してみましょう。

　・勉強：得意な科目，ゼミや研究室，そこで学んだこと
　・部活・サークル：その活動を選んだ理由，具体的内容，その活動から学んだこと
　・アルバイト：始めた動機，具体的内容，学んだこと
　・それ以外の活動：海外経験，ボランティア活動，インターンシップなど

図表12-1　自己分析のメモ

ESに書けそうな体験・エピソードを思い出す。
・高校までの部活，趣味・特技，勉強

・大学での勉強，部活・サークル，アルバイト，海外経験，ボランティア経験，イ
　ンターン経験，など

※書けることが少なかったら，これから体験を作っていく！

書けることが少ない人もいるでしょう。特に，コロナ禍の時期は，思うような活動ができない人も多くいました。まだESでアピールする内容が少ないと思う人は，これから体験を作っていきましょう。

4　ライフラインチャート：自分の満足度を振り返る

自己分析の方法にはいくつかありますが，ここでは「ライフラインチャート（満足度分析）」を紹介します。

＜ライフラインチャートの作成ワーク（図表12-2・12-3）＞

方法は簡単で，横軸に時間をとり，縦軸の真ん中を平均として，そのときの自分の満足度を書くだけです。生まれてから現在までの自分の満足度（モチベーション）を，転機となる出来事を思い出しながら，フリーハンドで書いていきます。

自分自身の過去のエピソードを振り返りながら，そのときにどんな満足度だったか，振り返ってみましょう。その中で，満足度（モチベーション）が上がったり下がったりするときに共通することは何か，自分で把握しておくことで，自分の価値観を客観的に捉えることができるようになります。

特に，満足度が下がってしまったときに，どうやったら上がってこられたか，そこに何か共通する要因はあったかを見つけられると，自分自身で満足度のコントロールができるようになります。

図表の例では，「小学校時代は，活発な子どもで，満足度が高かった」「中学では学校嫌いになり，満足度が低下した」。そして現在は「就活に向けて意欲が高まっている」といったことが示されています。これは例示なので，実際には，もっと詳細に記載していくほうがよいでしょう。

過去を思い出すためには，例えば，卒業文集，写真（アルバム），日記帳，自分のSNSなどが参考になります。この例を参考に，自分のライフラインチャートを書いてみましょう。忘れていた多くのことを思い出し，キャリアを考えるうえでの気づきがあると思います。

図表12-2　ライフラインチャート（記入例）

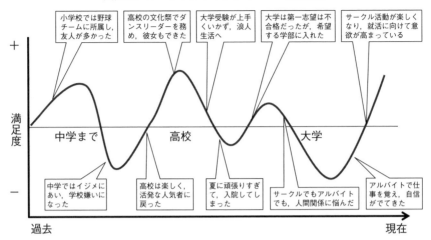

ライフラインチャート作成のポイント：

・何歳の頃，何が起こったか

・大きな転機は何だったか

・どのような成功，失敗を体験したか

・成功や失敗の体験により，どのように成長したか

・モチベーションや気持ちの変化を思い出す

図表12-3　ライフラインチャートの作成

縦軸は主観的な満足度を示します。皆さんは何を基準に曲線を描くでしょうか。健康，家庭状況，人間関係，達成感，社会人であれば収入，肩書きなど，その人の価値観により基準は違います。自分の満足度の基準（大切にする価値観）は何かを知ることもこのワークの目的の１つなのです。

5　ジョハリの窓：「開放の窓」を広げると自己理解が進む

次に，自己理解を深めるためのフレームワークである「ジョハリの窓」を紹介します。

図表12-4は，アメリカの心理学者ジョー・ルフトとハリー・イングラムが発表した「対人関係における自己理解のモデル」です。この２人のファーストネーム（ジョーとハリー）から，「ジョハリの窓」と呼ばれます。

ジョハリの窓は，４つの窓（象限）からできています。「①開放の窓」（自分も相手・他人も知っている領域），「②盲点の窓」（自分は気づいていないが，相手・他人は知っている領域），「③秘密の窓」（自分は知っているが，相手・他人は知らない領域），「④未知の窓」（自分も相手・他人も知らない領域）の４つです。

図表12-4　ジョハリの窓

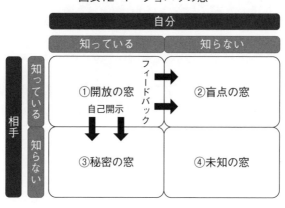

　この中で「①開放の窓」が広がって，「④未知の窓」が小さくなることで，自己理解が進み，人間として成長していくといわれます。例えば，自分について，周囲の人からフィードバックをもらうことで，「①開放の窓」が広がり，「②盲点の窓」が小さくなっていきます。

　身近な人，例えば，親，兄弟姉妹，親しい友人，サークルの先輩，アルバイト先の店長などに「自分がどんなヒトに見えているか」を聞いてみることで，自分では気づいていない「特徴や強み」を認識できるかもしれません。

　例えば，自分が「内気で，初対面の人とのコミュニケーションは苦手だ」と考えていたとしても，友人やバイト先の同僚からは，「いつも笑顔で話しているから，初対面の人が苦手なんて気がつかなかった」「営業とか接客の仕事もあなたならできると思うよ」と言われて，自信を持つようなこともあり得ます。あるいは，親に「○○ちゃんは，小学生の頃，××になりたいと言ってたじゃない。チャレンジしてみたら？」と言われて，忘れていた夢を思い出すようなこともあるかもしれません。

　もう1つは，「③秘密の窓」を小さくする方向です。これには，自分が心の中に秘めていることを，自分から周囲に話していく（自己開示する）機会をもつことです。就職に関していえば，「自分はこういう企業に興味がある」とか「将来はこんな仕事をしてみたい」と自己開示すると，周囲からアドバイスをもらいやすくなります。

　例えば，周囲の人たちに「将来は人事部の仕事がしたい」と話すと，誰かが「営業で就職して，今は人事の仕事をしている先輩を知っているよ。一度，話を聞いてみたら？」と紹介してくれるかもしれません。

　誰でも，まだ自分でも気づいていない強みや可能性がたくさんあります。周囲の人にフィードバックをもらったり，自分から自己開示をしたりすることで「①開放の窓」が広がり，自己理解が深くなるのです。

第13章

成功する就職活動(3)：
仕事研究と成功事例

1　仕事研究のはじめに：好きなことから仕事を見つけるワーク

　「好きな仕事を見つけるには，どうしたらよいですか？」これは，若者から
よく聞かれる質問の1つです。方法としては，まず自分が「好きなこと，ワク
ワクすること，他の人より上手にできること」をいろいろ思い出してみましょ
う。

　例えば，「サッカー」「チョコレート」「テレビのバラエティ番組」「誰かと会
話すること」「ゲーム，対戦型よりは，何かを作っていくもの」「勉強だと世界
史かな」といったように，いくつも出てくると思います。

　次に，1つずつの項目について，関連する仕事を連想してみます。サッカー
の場合で考えていきましょう。最初に思い浮かぶのは「プロのサッカー選手」
でしょう。でも多くの場合，「自分には無理」と考えて，それ以外は考えられ
なくなってしまいます。ここで視野を広げて，「サッカーに関連する仕事」を，
どんどん挙げてみましょう。

　図表13-1は，ある若者たちとこのワークをした経験をもとに作成したもの
です。右上の「プロサッカーチームに関わる人」には，選手，監督，コーチだ
けではなく，マネジャー，スポーツトレーナー，チームドクター（医師），管
理栄養士，データ分析担当などもいます。

　これを，サッカークラブチームの運営に関わる人，サッカーを教える人，
サッカーグッズに関わる人，サッカーのメディアに関わる人，サッカーを楽し
んでもらう場を提供する人，サッカーを応援する人のように広げて考えてみま
す。

図表13-1　好きなこと「サッカー」に関連する仕事（例）

サッカーを教える人：学校の先生，中学校や高校のサッカー部顧問，子ども向けサッカーチームのコーチ，フットサルコーチ，ビーチサッカーコーチなど

プロサッカーチームに関わる人：選手，監督，コーチ，マネジャー，スポーツトレーナー，チームドクター(医師)，管理栄養士，データ分析担当など

好きなこと
サッカー

クラブチームの運営に関わる人：チームオーナー，営業スタッフ，企画スタッフ，広報スタッフ，経理スタッフ，スタジアムの管理運営スタッフ，グリーンキーパーなど

サッカーグッズに関わる人：ボールメーカーの開発・デザイン・営業・流通の各スタッフ，ウェアメーカーの開発・デザイン・営業・流通の各スタッフ，シューズメーカーの開発・デザイン・営業・流通の各スタッフ，人工芝メーカーの開発・営業スタッフなど

サッカーを楽しんでもらう場を提供する人：スポーツカフェ運営，サッカー場やフットサル場の運営，スポーツクラブのスタッフ，スタジアムの設計や建設に関わる人など

サッカーのメディアに関わる人：新聞記者，雑誌記者，テレビ局の番組制作スタッフ，ネット配信スタッフ，カメラマン，アナウンサー，解説者，イベントスタッフなど

サッカーを応援する人：サッカーチームのスポンサー企業の担当者，広告代理店の企画・営業スタッフ，広告を出す企業の担当者など

　すると，実にたくさんの仕事で，サッカーに関われることがわかります。これをサッカーに限らず，「スポーツ全般に関わる仕事」と考えると，さらに選択肢が広がります。

　また，好きなサッカーは趣味として，週末に仲間とフットサルチームで楽しむことにしてもよいのです。仕事は，別の好きなこと，例えば「ゲーム」を軸にして，コンピューターやエンターテインメントの関連で考えてもよいでしょう。

　最後に，このワークの進め方について説明します。まず，自分の好きなこと・興味のあることをリストアップしてみましょう。例えば，スポーツ，自動車，生物，海外に住む，ヒトを楽しませる，誰かの役に立つ，など思いつくままにいくつも挙げてみます。

　次に，その中から1つの「好きなこと」を選び，白紙の真ん中に書きます（**図表13-2**）。そして，その周りに思いつくままに，関連しそうな仕事を書いていきます。1人でもできますが，友だち数人と一緒にアイデアを出し合うと，自分では考えもしなかった多くの仕事が出てくるでしょう。

図表13-2　好きなこと「○○○○○」に関連する仕事

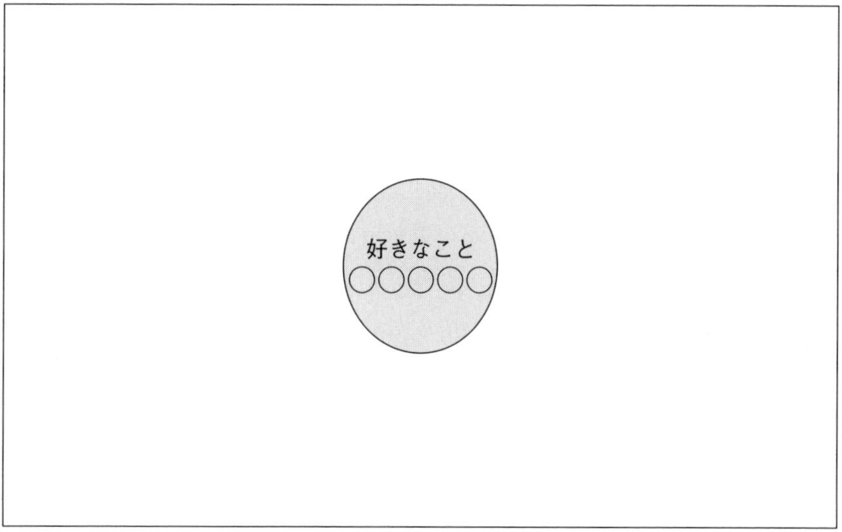

2　仕事研究：職種には何があるのか

　8章1節で，企業分析（仕事研究）には業界，企業，職種の3つの段階があることを説明しました。職種とは，営業，人事，広報などの「企業内で行う仕事（役割）」の分類です。この項では，主な職種について詳しくみていきます。

⑴　営業

　会社の前線で動き回り，お客様のニーズを聴き，解決する仕事が「営業」職です。新規顧客向けの営業と，既存顧客向けの営業（ルート営業）に大別されます。また，顧客対象が個人の場合は，個人向け営業（Business to Consumer：B2C），会社や組織（法人）の場合は，法人向け営業（Business to Business：B2B）と呼ばれます。販売する製品サービスによって，営業方法は大きく異なります。

　文系の大卒総合職は，営業からキャリアが始まることが多いです。営業の仕事を避けると，応募できる企業が非常に少なくなるので，要注意です。学生が考える営業職は，ノルマが厳しい個人向け営業（B2C）の新規開拓のイメージ

です。法人向け営業（B2B）は，既存顧客への提案営業が中心なので，多くの場合は学生が想像するハードな営業とは少し違うと思います。私は，「食わず嫌い」にならずに，インターンシップで営業を体験したり，営業職の若手社員の話を聞いたりすることをお勧めしています。

⑵　販売

　小売業や百貨店で，お客様に直接対応する仕事が「販売」職です。来店したお客様と信頼関係を築き，適切な商品を提案して購入していただきます。販売する製品によって，販売方法は大きく異なります。小売業などでは，大卒総合職は，店舗での販売や電話サービスからキャリアが始まるのが一般的です。その後は，各店舗を統括する店長や，複数店舗を統括するスーパーバイザーへの道もあります。

　販売職は，お客様と会話し，笑顔に接することがやりがいだと思います。一方，大多数の人が休む日に忙しいので，土日や大型連休・年末年始は休みにくいことが多いでしょう。

⑶　事務・管理

　企業の活動がスムーズに行えるよう，他の社員をサポートする仕事が「事務」職です。サポート対象が営業社員向けの「営業事務」や，仕入れや在庫管理などを行う「購買事務」「物流事務」など，さまざまな役割があります。人事，経理，総務などの「管理部門」の仕事も，事務職と呼ぶこともあります。

　大学生のお母さんが若かった頃は，女性は正社員の事務職採用が多かったですが，今はIT化が進み，事務職の多くは派遣社員やパート社員の仕事になっています。正社員の募集は非常に少ないので，注意しましょう。人工知能（AI）の発達で，今後，事務職の仕事はさらに減っていくことも確実です。

　新卒で正社員の事務職を希望する人は，プラスアルファのスキルを身につけておくと希望の配属になる確率が上がるかもしれません。英語（TOEIC800点以上）とパソコン・ITスキル（MOS検定，ITパスポート）は，多くの候補者から差別化するうえで有効です。簿記，人事関連の法律，マーケティングなども，その関連の事務職を希望する人は勉強しておくと役に立つスキルだと思います。

(4) システムエンジニア (SE)

IT，通信，ネット系の分野でシステムの設計・開発を行う仕事が「SE」職です。SEの作成した仕様書に従って，プログラミングを行うのがプログラマーです。SEやプログラマーから始めて，IT営業，ITコンサルタント，データサイエンティストなどへのキャリアチェンジも一般的です。

SE職は，文系でもやる気があれば歓迎する企業が多くあります。IT系職種は，将来性，成長性が高いので，おススメです。少しでも興味がある人は，「IT業界説明会」に参加するとよいでしょう。働き方改革が進み，以前のイメージほど長時間労働ではない職場が増えています。人手不足なので給与ベースも高いことが多いです。

(5) その他の職種

会社には，さまざまな仕事があります。業界，企業によりますが，以下の仕事は，それぞれに専門性が高いので，技術系やクリエイティブ系の勉強をした学生以外は，新卒の配属は少ないことが多いです。社会に出てから専門性を高め，社内異動や中途採用を目指すのが一般的でしょう。

- ・企画マーケティング系：新規事業企画，経営企画，市場調査，プロダクトマネジメント，Webマーケティング，コンサルティング
- ・クリエイティブ系：デザイン，動画制作・編集，Web制作，ライター
- ・管理系：人事，労務，人材開発，経理，財務，法務，広報，ITシステム
- ・生産系：生産，生産管理，技術，安全管理，品質管理，品質保証
- ・物流系：購買，輸出入，倉庫管理，サプライチェーンマネジメント
- ・研究系：基礎研究，開発研究，品質・安全研究

3 文系大学生の就活成功事例(1)：激戦を勝ち抜いた学生たち

私がキャリアアドバイザーとして就職活動を支援した大学生で，比較的上手くいった8人の事例を紹介します。いずれも，中堅私立大学（帝京大学，駒澤大学，東京経済大学）の文系学生です（個人が特定できないように，プロフィールや社名などに配慮しています）。

(1)　大激戦のテレビ番組の制作会社へ

　報道系のテレビ番組の制作会社に決まった女子学生はおとなしいタイプで，初対面では少しこちらが心配するほどでした。ESで「最も感動した映像作品について1,000文字で記述せよ」という質問に対し，『タイタニック』（ラブストーリー）を取り上げていました。内容が平凡なので，私が「報道番組をつくる会社なので，もっと社会性のある映画のほうがいいね」と言ったら，素直に翌日，『インビクタス』（南アフリカW杯ラグビーで南アが優勝し，白人と黒人が融和した実話）について書いてきました。面接では，この映画の感想について詳しく聞かれ，内定をもらえたそうです。難しいテーマを深く考えていることと，この会社に入りたいという熱意が伝わったのではないかと思います。

　⇒　マスコミ，メディア系は，一般的に大激戦です。時事問題や作文については，本や勉強会で準備する必要があります。この例のように，応募企業の特徴を理解したうえで，ESや面接の準備をすることも大切です。OB・OGとのつながりを探して，アルバイトやインターンシップの経験をすることも，差別化につながるでしょう。

(2)　海外駐在の夢をかなえられそうな会社へ

　将来は海外駐在をしたいと考えていた男子学生は，ビルの空調設備の上場企業の営業職に内定しました。彼は「海外に行かれそうな会社」でインターンシップを検索し，そこでビルの空調設備業界を知りました。日本のビル空調設備は技術レベルが高く，東南アジアなどの新設ビルディングで大人気なのです。その業界のA社でインターンシップに参加し，そのA社にはご縁がありませんでしたが，同じ業界のB社に内定をもらえました。

　⇒　海外に興味がある人は，就活サイトで「海外勤務の可能性あり」で探してみると，自分が知らない業界に出会うことができます。海外展開をしている会社は，B2B企業が多いため，学生は知らない優良企業が多いのです。海外を希望する人は，「なぜ海外に興味があるのか」を自分の言葉で話せることと，TOEICである程度（700点以上）をとっておくことが必要でしょう。

⑶　外資系ITのエンジニア職と人材サービスの営業職でうれしい悩み

　就活に熱心で，２年生から海外を含むインターンシップに幅広く参加していた女子学生は，人気の大手人材サービス会社に入社しました。３年生の秋には，インターンシップ経由でアルバイトをしていた大手旅行会社と，別のアルバイトをしていたITベンチャーにも内々定をもらっていました。４年生の春には，大手外資系ITコンサル会社のシステムエンジニア職の内定ももらい，６月に大手人材サービス会社の営業職の内定をもらいました。エンジニア職と営業職で迷いましたが，最終的には，人材サービス会社に決めました。

　⇒　社会科見学のつもりで，早期からインターンシップに参加すると視野が広がります。文系でも中学までの数学が苦手でなければ，エンジニア職もあり得ます。キャリアセンターを積極的に活用し，学外のネットワークを主体的に探していくことも，自分の可能性を広げます。

⑷　異なる業界３社の内定を経て，東京都内の市役所へ

　迷った結果，東京都内の市役所に決めた女子学生がいました。この学生は，保育系の学科で，初めは大手の子ども用品メーカーに内定をもらいました。その後，不動産会社，大手信用金庫にも内定をもらいました。４年の６月に，信用金庫に決めたと聞いていましたが，４年の12月に地元の市役所に合格したのでそちらに行くと報告を受け，私も驚きました。彼女は公務員を希望していなかったからです。公務員試験対策は何もしていませんでしたが，親の勧めで，ダメ元で11月の３次募集で市役所を受けたところ，この市役所の３次募集は試験はなく，「作文と面接のみ」だったのでご縁があったそうです。

　⇒　この女子学生のように，就活している間に志望業界が変わることはよくあります。卒業までに決めればよいのです。彼女はマジメで明るい性格で，コミュニケーション力が高いタイプでした。面接で，それぞれの志望動機を自分の言葉で伝えられたのだと思います。なお，東京近郊の市役所はどこも倍率が高いので，一般的には公務員試験の勉強をすることをお勧めします。

4　文系大学生の就活成功事例(2)：個性を活かした学生たち

　後半の4人の事例紹介です。どの学生も，自分の個性や強みを活かし，自分にマッチした企業から内定を得ています。

(5)　アパレル業界から不動産業界へ志望変更

　ある男子学生は，ファッションに興味があり，3年生の1月頃，アルバイトをしていたアパレルA社から総合職の内定をもらいました。その後，若者に人気があるアパレルB社，本命の大手アパレルC社にも内定をもらい，喜んでいました。しかし，就活していく中で，アパレル業界は給与が低く，離職率も高いことに気づきました。そこで，途中から不動産業界にも関心をもち，結局，不動産仲介業界の大手企業の営業職に内定をもらい，そこに行くことにしました。

　　⇒　就活をしていく中で，初めは興味がなかった業界にも目を向けるのは自
　　　然なことです。まず1社に内定をもらうと，自分に自信を持てるようにな
　　　り，面接でも堂々と自分の考えを話して上手くいく学生を大勢見てきまし
　　　た。また，アパレルのアルバイトで接客に慣れていたことは，不動産業界
　　　にも有利だったと考えられます。

(6)　Uターン就職で医療系専門商社へ

　中部地方のある県出身の女子学生は，家庭の事情でUターン就職を希望していました。地場メーカー，地方銀行，信用金庫なども受けましたが，最終的には，第一希望だった医療系専門商社（卸）の営業職に内定をもらいました。高校時代に合気道部で初段をとっていたことと，大学時代にスーパー銭湯でアルバイトをしていたことが評価されたそうです。

　　⇒　医療系専門商社は，全国的な大企業ですが，県ごとにエリア採用してい
　　　るため，Uターン希望の選択肢としてお勧めしています。病院へのルート
　　　営業が仕事なので，女性が活躍しやすい業界で，ワークライフバランスも
　　　良さそうです。彼女はおとなしいタイプでしたが，スポーツ（合気道）経
　　　験があるので，営業職でも大丈夫と判断されたようです。

(7)　人気のリゾートホテルチェーンへ

　ホテル業界と観光業界を志望していた男子学生は，第一志望の大手リゾートホテルチェーンに内定をもらいました。高校時代の野球部経験と，大学時代のホテルでのアルバイト経験がアピールポイントでした。また，この学生は北関東の小さな町の出身で，田舎に住むことに抵抗感がないと思われたことも，強みになったようです。

　　⇒　リゾートホテルや観光業を志望する場合，勤務地がリゾート地であることも多いです。北海道の知床や大雪山，沖縄のビーチ，伊豆半島，長野のスキー場などのイメージです。遊びに行くにはよいですが，住むには不便なところです。面接では，不便な土地で働く覚悟があるかどうかを問われます。

(8)　自分を高く評価してくれる建設資材の優良企業へ

　ある女子学生は，人事部を希望していました。しかし，新卒で人事部に配属される可能性は，ほとんどないのが現実です。そこで，最初は営業で入社して，近い将来，人事部に行ける可能性が高い企業を探しました。たまたま大学での企業説明会に来ていた建設資材の優良中堅企業のインターンシップに参加したところ，若手社長に気に入ってもらえました。その企業は女性が少なく，女性管理職も少ないため，将来の管理職候補と見てもらえたようです。彼女はその会社に入社し，1年の営業経験の後，希望どおり，人事部で新卒の採用担当として活躍しています。

　　⇒　新卒の文系総合職の場合，人事，企画，広報，マーケティングなどの仕事は，数年の営業経験を経た後，評価が高ければ，希望によって異動できることがほとんどです。就職活動では，自分が高く評価してもらえそうな企業かどうかを見極めることも大切です。特に女子学生の場合は，管理職に女性を増やしたい企業が多いので，現時点で女性管理職が少なく，自分と相性が良さそうな企業は狙い目かもしれません。

第14章

成功する就職活動⑷：
エントリーシートのツボ

この章では，具体的にESを書くコツについて説明します。

1 「自分の強み（自己PR)」の探し方：書けることはたくさんある

就活生には，「自分の経験はたいしたことがないので，自分の強み（自己
PR）が書けません」という人が，少なからず存在します。私はそのような学
生に，次のような話をします。

「自分の強み」は，大学時代のエピソードでなくて，高校生のときでも構い
ません。強みのような，その人の「行動特性（コンピテンシー)」を形成する
のは，これまでの人生全体だからです。特に，大学時代にコロナ禍が重なった
人は，高校の話のほうが書きやすいこともあるでしょう。例えば，高校の部活
でスポーツをやっていたとしたら，次のようなことが書けます。

・高い目標を設定し，目標に向かって努力　→　全国大会出場のように高い
　　レベルではなくても，「県大会ベスト8を目指し，努力を継続した」
　　で構いません。そこから，「目標設定力」「粘り強さ」「持続力」と
　　いった強みがいえるでしょう。
・チームで協力し合うこと　→　チーム競技はもちろん個人競技でも，部活
　　メンバーとの協力は必要だったはずです。そこから，「チームワーク」
　　「協調性」「仲間との信頼関係構築力」といった強みが導き出されます。
・計画的に実行すること　→　自分やチームの課題を克服するために，何か
　　の計画を立てて準備した経験があれば，「計画性」「実行力」といった
　　強みにつながります。
・後輩の指導，アドバイス　→　キャプテンやリーダーでなくても，先輩と

して，後輩に教え，アドバイスした経験がないでしょうか。もしあれ
ば，「リーダーシップ」「相手のレベルに合わせた指導力」「面倒見の
良さ」などがいえるかもしれません。

・チームの中での役割分担　→　もし練習準備担当や会計担当といった役割
　を全うした経験があれば，「責任感」「効率よく仕事をこなす工夫」な
　どがいえることもあります。

・成果を出す喜び　→　部活に一生懸命に取り組んだ人は，達成感や充実感
　を味わったはずです。そこから，「目標達成意欲」「向上心」「チャレ
　ンジ精神」といった強みが浮かぶ人もいるでしょう。

・負ける悔しさ　→　スポーツは必ず負けることがあります。部内でのレ
　ギュラー争いで負けたり，目標の試合に負けたり，あるいはケガをし
　たりすることもあったかもしれません。いずれも，とても良い経験で
　す。そこから「挫折から這い上がる力」「負けから学ぶ力」「ストレス
　マネジメント力」などがいえる人も多いと思います。

　これらの経験は，音楽や演劇などの文化部でも共通することは多いはずです。
高校の部活を通して，結果として，高い目標は達成できなかったとしても，何
かを学んだはずです。つまり，「社会人としての基礎になる強みを獲得した」
「この強みを貴社でこのように活かせる」ことを伝えることができればよいの
です。

2　「自分の強み（自己PR）」の書き方：4つの事例紹介

　今回は，「自分の強み」を上手に書いている例を紹介します。はじめに，一
言で強みとなるキーワードを書き，自分の体験を交えて具体的に記述します。

事例1）「相手に寄り添える柔軟性」です。私のアルバイト先は，熊本料理の居
酒屋で，お客様に向かってメニュー説明を行う決まりがありました。最初は，メ
ニューを覚えることばかりに力を入れ，お客様が知りたいことを察し，伝わるよ
うに説明することに苦労しました。そこで，自分自身が客として店に通い，お客
様目線で店の雰囲気を見て，生きた商品知識を身につけ，お客様と積極的に会話

することを心がけるようにしました。その結果，お客様それぞれのニーズに合ったメニューの提案ができるようになり，私を指名してご注文なさるお客様が増え，店長からは温かみのある接客ができる人だと評価していただきました。この経験から，洞察力や柔軟性を活かし，相手の立場に寄り添うことで，相手のニーズに応えることができるようになりました。(339文字)

→　アルバイトとしてレベルアップするために，自分で客として店に行って工夫したという積極性や，相手のニーズに応える力は，「今後の仕事でも活かせる」と評価されるでしょう。

事例2）「**臨機応変な対応力**」。私はアルバイトで携帯電話の販売をしている。店に訪れる方々はそれぞれ求める機能がバラバラなため，各自に合う商品を探し勧める。時に難しい要望を言われることもあるが，親身に考え，最終的に納得した商品を購入していただけるまで商品のあらゆる機能を説明し，情報を提供している。そういった接客から，アルバイト内の月間売り上げランキングで1位をとることができた。また，親身に対応したことから感謝されることが多くあり，仕事にやりがいを感じている。(225文字)

→　アルバイトで心がけていることを具体的に書けています。「仕事のやりがい」にも言及していることで，社会に出る心構えができている「成熟度の高さ」が感じられます。

事例3）「**軽いフットワーク**」。私は何事に対してもすぐに行動に移すことが出来る。例えば，私は中学まではバスケットボールをしていたが，高校に上がるときに興味のあったラクロスを始めた。学びについては，現在，簿記2級の資格を取得するために勉強をしている。このように興味のあるものをすぐ行動に移せるフットワークの軽さが強みである。(156文字)

→　1つのことを継続してこなかった人は，この事例のように「すぐに行動に移せる」や「好奇心が旺盛」と言い換えることで，強みに置き換えることができます。

事例4）「**常に目的意識を持って行動ができること**」です。これもサッカーを通じて学んだ点で，調子が悪い時期に，過程をもっと大事にしたほうがよいという

ことに気がつきました。当時の私は，食生活や私生活を疎かにしていた点があり
ました。悪い流れを断ち切るために，他人の意見に耳を傾けることから始め，そ
の時にやっていることには必ず意味があるということに気がつきました。その結
果，「これはなぜ今必要なのか」という思考になり，常に目的意識を持って行動
できるようになりました。(224文字)

→　学生のとき力を入れたこと（学チカ）と自分の強みを同じネタで書く場
　　合の例です。自分の内面を分析し，「目的意識をもって行動ができる」こ
　　とのアピールに，上手につなげています。

3　「学生のとき力をいれたこと（学チカ）」の書き方：インパクト　を高めるには

就活の定番質問である「学生のとき力をいれたこと（学チカ）」では，「どん
なことを書くと評価されるのかわからない」という声をよく聞きます。大学生
の多くが，サークル活動やアルバイトの経験談になりがちなので，差別化が難
しいという心配です。

学チカの一般的なネタとしては，部活動・サークル活動，アルバイト，ボラ
ンティア活動，ゼミでの勉強，資格取得，海外経験，インターンシップなどが
挙げられます。大学生が限られた4年間でできる活動は，他の学生と違いがな
くて当然です。企業は「学生が何をしたか」は，それほど気にしません。それ
以上に「その活動から何を学んだか」「それを社会人としてどのように活かせ
るか」を知りたいのです。

また，業界や企業によって，求められる人材像は異なります。例えば，営業
や販売の仕事では「目標に向かって努力した経験」や「お客さんとのコミュニ
ケーションを深めた経験」があれば，社会人になってもそれを活かせるでしょ
う。IT系やコンサルタントの仕事では「研究やゼミで物事を深く考えた経験」
や「新しいことに好奇心をもってチャレンジした経験」が活かせると考えられ
ます。

同じ経験でも，どの側面を捉えるかで，いろいろな表現ができます。自己
PRと学チカを，例えば，サークル活動のような同じネタで書き分けることも

可能です。自己PRは「個人の努力や実行力」から導かれる強みに焦点を当て，学チカは「チームで工夫して成果を挙げたこと」に焦点を当てることで，まったく違う側面をアピールできます。

居酒屋のアルバイトで学んだことを，学チカに表現する事例を示します。

- ・笑顔で接客できるようになり，世代が異なる人たちとのコミュニケーション力とビジネスマナーを身につけた。
- ・忙しい時間帯に，ホールとキッチンとレジの仕事を手際よくこなすことができるようになった（マルチタスク力を身につけた）。また，仕事の効率性を考える習慣ができた。
- ・店長，社員，アルバイトの人たちと協力し合うことで，チームワークや仕事への責任感が身についた。
- ・店長からの信頼を得て，ホールやキッチンに加え，レジ打ち，在庫管理，材料発注も一部任されるようになった。
- ・先輩として，アルバイトの後輩にアドバイスや指導を行った。相手の理解度にそって，わかりやすい教え方を工夫した。
- ・酔ったお客さんに文句を言われても，相手の話をまず傾聴し，誠意を持って対応することで，納得していただくクレーム処理が上手くなった。
- ・古い体質の職場で，厳しい言葉で叱られることが多かったが，ストレスに強くなった（ストレス耐性が身についた）。

いかがでしょう。「これなら書けそうだ」と思いませんか。居酒屋のアルバイトでも，このように社会に出てから役立つ良い経験をしています。特別な経験をしていなくても，自分の具体的なエピソードを書き，「社会人としての基礎となるスキルを身につけた」「これを貴社でこのように活かしたい」ことを伝えられればよいのです。

4　「志望理由」は最も大切：学生がよくやる間違いとは

就活では，エントリーシートでも面接でも，志望理由・志望動機が最も大切です。私はいつも，企業研究をしっかり行い，志望理由を7個以上考え，特に大事な2〜3個の理由をエントリーシートに書くことを勧めています。次節で

良い書き方を説明しますが，本節ではまず，良くない事例とその理由について説明します。

　学生が就活初期によくやる間違いでとても多いのは，「自分が成長できそうだから」という志望理由です。私が企業の採用担当だったら，このフレーズを読んだ瞬間に落とします。この人は「学生と社会人の違い」を理解していない，つまり社会人になる気持ちの準備ができていないと判断するからです。

　大学生は，お金を払う立場なので，自分を成長させてもらう場（大学）のお客様です。一方，社会人は，労働と時間を提供して，その対価としてお金をもらうので，立場が逆です。企業は学校ではありません。自分の知識，経験を活かして「貴社に貢献したい」と伝えるべきなのです。

　もちろん，仕事をした結果，自分が成長できることはいくらでもあります。特に若いうちは，どんな仕事でもはじめてなので，成長できるはずです。自己成長意欲や向上心があるのは良いことですが，この「学生と社会人の基本的な違い」を理解していないとESで落ちますし，面接でもうまくいきません。企業側は，「大勢の候補者からあなたを採用すると，当社にとってどんなメリットがあるのか」を知りたいのです。

　同様に，「給料が高いから」「残業が少ないから」「転勤がなさそうだから」「ワークライフバランスが良いから」などの自分中心の志望理由は，本音ではそう考えていたとしても，ESに書くのはNGです。

　良くない志望理由の特徴は，次の3つに大別されます。

①　数多くの企業の中から「貴社に入りたい」理由になっていない。多くの会社に当てはまる理由でとどまっている。例えば，お客様に笑顔を届けたい，この業界に興味がある，社会に貢献したい，など。

②　表面的な理由しか書いていない。例えば，説明会で会った人がイキイキしていた，会社の雰囲気が良さそう，この製品が昔から好き，テレビのコマーシャルが良い，など。

③　自分都合の理由しかなさそうに見える。例えば，自分が成長できそう，給与が高い，この地域に住んでいられる，土日が休み，有給休暇がとりやすそう，育児休暇がきちんとしている，研修制度が充実している，ワーク

ライフバランスがよさそう，など。

　ただし，③については，書き方を工夫すれば大丈夫なケースもあります。「育児休暇がある」だと自分都合で△ですが，「（育休制度が充実していて）女性が長く活躍できそう」は○です。また，「研修制度がしっかりしている」は△ですが，「（研修を通じて）□□ができるようになり，会社に早く貢献できそう」は○です。

　新卒採用は，企業が大きな投資をするのと同じです。「なぜその会社か」の本気度が問われるのです。

5　「志望理由」の書き方：7個以上考え，大事な2〜3個を書こう

　本節では，「良い志望理由の書き方」について，**図表14-1**に沿って説明します。

　まず，図の三角形の一番上の部分は，「企業理念」や「戦略的な方向性」です。どの企業でも，ホームページに企業のミッション，ビジョン，ありたい姿などが書いてあります。社長のコメントや中期経営計画として公表している場合もあります。企業説明会でも，この部分はきちんと説明するはずです。それぞれの企業は，競合他社が数多くある中で，「当社の理念や方向性」に共感してくれた学生に，入社してほしいのです。

　良い例としては，

・企業理念や社長コメントの"○○○"の部分に共感した。

・企業説明会で，経営陣が"□□□（将来の目指す姿を具体的に）"を熱く語っていたことに感動した。

・中期戦略の"△△△（海外展開，新規事業領域など）"に関心があり，自分もぜひ貢献したいと思った。

といった表現があります。

　次に上から2つ目の部分は，「企業の特徴的な製品・サービス」です。どの企業でも，強みであり，社員が誇りにしている製品やサービスの領域があります。企業は，自社の製品・サービスに強い興味・関心をもつ学生がほしいので

す。

　良い例としては,

・貴社製品"○○の△△の点"が好きなので,自分もその普及に関わりたい。

・貴社サービスを使ってみたら,こういう気づきがあり,成長性を感じた。

・貴社製品を競合他社と比べてみたら,「この点」が素晴らしいと感じた。

・貴社店舗を５ヵ所訪問してみたら,立地条件により工夫されていて,成功
　の秘訣を垣間見ることができた。

などがあります。

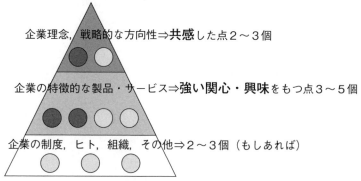

図表14-1　志望理由：企業研究がとにかく大事！

理由を７個以上考え,特に大事な２〜３個をESに書く。
そうすれば,面接で深掘りされても,本気度が伝わる。

企業理念,戦略的な方向性⇒**共感**した点２〜３個

企業の特徴的な製品・サービス⇒**強い関心・興味**をもつ点３〜５個

企業の制度,ヒト,組織,その他⇒２〜３個（もしあれば）

　３つめの一番下の部分は,「企業の制度,ヒト,組織,その他」です。上の
２つに比べれば,重要ではありません。ここには,給与,勤務地,有給休暇,
残業時間,産休・育休,社風,転勤の有無,女性の働きやすさ,ワークライフ
バランスなどが含まれます。学生にとって関心があってわかりやすいため,志
望理由がこの領域ばかりになる人もいます。企業から見ると,そういう人は,
会社の業務内容への関心が低いように見えるので,要注意です。

　良い例としては,

「貴社の支店３ヵ所に行ってみたら,若手社員がイキイキと活躍していた」
というのは,アリでしょう。いずれにしても,勤務条件や制度面については,

志望理由に入れることは，あまりおススメしません。

　ESでも面接でも，志望理由を書く前に，自分の体験的エピソードをつくる努力をしましょう。各社ホームページやリクナビ・マイナビの採用サイトの情報をよく読むのは当然として，自分の体験を加えられると志望理由に説得力が増します。

　まず，会社説明会，インターンシップ，OB訪問などへの参加は基本です。これらを通じて，自分が見聞きしたこと，感じたことを整理します。特に「その仕事の面白さややりがい」を聞いて，それが志望理由の1つになると，ベストでしょう。

　また，消費者として訪問できる業界であれば，忙しくなさそうな時間帯に訪問して観察する，できればそこで社員に話を聞くとよいでしょう。ホテル，不動産，旅行，ブライダル，アパレル，エンタメなどがこの領域です。

　例えば，ホテルチェーンであれば，複数のロビーを訪問し，立地条件によって客層が違い，サービス内容が少しずつ違うことを体感しましょう。もし不動産業界の建売り住宅企業であれば，住宅展示場に行き，複数の会社の営業マンに話を聞いてみましょう。

　もしお菓子の会社に応募するのであれば，その会社の主なお菓子を全部食べてみてください。次には，競合の会社のお菓子も食べ比べてみましょう。その経験があれば「貴社のお菓子のこういう点が好き」というように，自分の言葉で語れるようになるはずです。同様に，電気製品メーカーであれば，家電量販店で触ってみる，持っている人に借りて使ってみるといった努力をすることで，他の人と差別化できます。

6　「趣味・特技」の書き方：個性をアピールするチャンス

　エントリーシートには，趣味・特技の欄があります。「自分には書くような趣味がない」「特技なんて，何を書いたらよいかわからない」という声をよく聞きます。ここでは，趣味や特技は意外に大事で，「このようなことを書けばよい」という説明をします。

　まず，「趣味がない」のはよくありません。趣味の欄に書くことは，レベルが高くなくても，自分が好きなことでよいのです。企業が趣味を書かせる理由は，主に2つあります。

　理由1．ストレス解消の方法があるかを知りたい

　仕事にはストレスがつきものです。趣味がないと，仕事ばかりになってストレスを溜め込む人かもしれないので，心配なのです。

　理由2．人間性を見たい

　企業側から見ると，「この若者と一緒に仕事をしたいと思うか」は大事な視点です。趣味がないという人は，人間的な魅力度が低いと感じられるかもしれません。

　よくある趣味でも，個性が見える表現を工夫すれば，大丈夫です。良い記入例を示します。

- ・音楽鑑賞：○○（具体的なアーティスト名）のライブによく行きます。特に△△（曲名）は中学時代の友人たちとの思い出がつまっていて，元気がでます。
- ・書道：小学校から10年以上続けています。心が落ち着くので好きです。
- ・スポーツの応援：川崎市在住なので，サッカーはフロンターレ，バスケットはブレイブサンダースのサポーターです。

　次に「特技」です。特技の欄も，個性や人間性をアピールする機会なので，何も書かないのはもったいないです。特技というのは，多少の練習が必要で，他人より少し上手くできることで十分です。子どもの頃の習い事や，中学・高校の部活動でも構いません。

　例えば，下記のように書くと，個性があります。

- ・水泳：小学生でスイミングスクールに通い，4泳法をマスターしました。
- ・バドミントン：中学校部活で副キャプテンとして，県大会を目指しました。
- ・立位体前屈：子どもの頃からダンスが好きで，柔軟性に自信があります。

　趣味や特技は，面接においても大事です。私は企業の採用面接官のとき，学生の緊張をほぐす意味で，まず趣味や特技の話を聞いていました。楽しそうに自分の趣味を語れる人には，誰でも好感を持ちます。

第15章

成功する就職活動(5)：面接は準備が肝心

1　企業にとって面接とは：3億円の投資と同じで真剣勝負

　本章では面接のポイントを説明していきます。面接の準備をする前に，企業にとって採用面接はどのような意味合いがあるのかを考えておきましょう。まず理解しておくべきなのは，新卒社員を1名採用するのは，企業にとって「3〜4億円の投資判断と同じ」ということです。

　日本では，正社員を採用すると，会社の都合で辞めてもらうことは簡単ではありません。1人の生涯賃金は約3億円です。それに加えて，福利厚生費や諸経費がプラス30%程度かかります。したがって，ある学生を採用するか否かの判断は，3〜4億円の投資と同様に，企業にとっても「真剣勝負」なのです。

　また，採用活動そのものにもコストがかかります。1人の採用にかかるコストは，約100万円といわれます。リクナビやマイナビなどのサイト掲載，会社案内パンフレットや動画制作，企業説明会などの運営，OB・OGなどのイベント開催，SPI検査などの外部委託，エージェントなどへの外部委託，応募者の交通費や宿泊費などにコストが発生します。人事部や面接官の人件費まで計算すると，もっと多くなるでしょう。

　新卒社員を採用後，3年以内に辞められると，企業は損をするといわれます。採用コストに加え，初年目には研修費用がかかります。1〜2年目の社員は，上司や先輩社員にいろいろ教えてもらいながら仕事を覚えるので，人件費を含むと1,000万円近い投資になります。多くの若手社員は，1，2年目は企業からみると「赤字」です。3年目にやっとトントンになるイメージなので，3年で辞められると上司や人事部はガッカリします。

それでは，面接では何がみられているのでしょうか。大別すると，以下の3点です。

① 社会人になる準備ができているか？　⇒　マナー，言葉遣い，人間性，社会人基礎力などを通じて判断されます。

② 当社のその仕事に合っているか？　⇒　学習したこと，学生のとき力をいれたこと（学チカ），自己PRなどへの質問を通じて判断されます。

③ 当社を本気で志望しているか？　⇒　志望理由，態度，雰囲気などから判断されます。

面接の目的を，面接官の視点で端的に表すと，「この若者と一緒に働きたいか，育てたいと思うか」を総合的に判断することです。企業は真剣なので，学生も本気で企業研究，面接練習などの準備をする必要があります。

2　面接の心構え：第一印象は「最初の3秒」で決まる

面接では，第一印象がとても大事です。初対面の相手の第一印象は，「最初の3秒」で決まるといわれています。第一印象については，米国での心理学の実験から導かれた「メラビアンの法則」という有名な理論があります。

これは，人と人とのコミュニケーションにおいて，言語情報（話の内容，言葉の意味）が7％，聴覚情報（声のトーンや大きさ）が38％，視覚情報（表情，目つき，しぐさ）が55％の重要度で影響を与えるという法則です。つまり，特に面接のような初対面のコミュニケーションにおける信用度は，話の内容より声や見た目から強く感じるということです。

話の内容に入る前に，視覚情報と聴覚情報で良い印象を与えるには，次の5点がポイントです。

・身だしなみ：業界や企業の組織文化に適した服装を選びましょう。最近は「カジュアルな服装」とか「クールビズ」という指定がある場合もあります。それぞれの企業に合った雰囲気づくりは，意外に大事です。

・笑顔で挨拶：初対面のとき，相手の目を見て，笑顔で感じよく挨拶できるようになりましょう。挨拶が苦手な人は，「おはようございます。本

日はよろしくお願いいたします」と，鏡を見て練習しましょう。

・仕事の表情：社会人は，自然な笑顔と，真剣な表情を使い分ける必要があ
　ります。笑顔は相手と信頼関係を構築するためです。仕事の話をする
　ときには，マジメな顔をする必要があります。テレビの報道番組のア
　ナウンサーが，ニュースの内容によって表情を使い分けているのが，
　参考になります。

・仕事の姿勢：社会人になる準備ができている人は，背筋を伸ばして座る姿
　勢や，キビキビ歩く姿勢が身についています。アルバイトや部活など
　で，意識して練習しましょう。

・声の出し方：面接の場面では，少し大きめの声で，ハキハキと話しましょ
　う。相手が2メートルの距離にいる場合，その2倍の距離（4メート
　ル）にいる人に伝える声の大きさで話すとよいと言われます。

　面接のような初対面での短い時間では，通常のコミュニケーション以上に，
第一印象が大切です。第一印象がよくないと，それを20分程度の面接時間内で
好印象に変えるのは，とても大変だからです。この5つのポイントを意識して，
自分で練習しましょう。

3　面接の想定質問⑴：基本的な質問は，準備すれば大丈夫

　「面接が苦手」という人は多いと思います。その理由は人それぞれかもしれ
ませんが，「何を聞かれるかわからないから，とっさに答える自信がない」と
いう不安は共通しているかもしれません。でも，企業の採用面接で質問される
内容は，だいたい決まっています。想定される質問に対して，きちんと準備を
していれば大丈夫です。

　私は以下の質問について，自分で動画を撮影して，「60秒から90秒」で答え
る練習をするように指導しています。簡単な質問については短くても構いませ
んが，下記の質問については，60秒程度は話せる準備をしておきましょう。

　逆に，長すぎるのはよくありません。長くて90秒といわれます。これは，面
接のように相手（面接官）がいろいろ質問したい場面では，回答が90秒を過ぎ

ると相手がイライラしてくるという心理学的な実験があるからです。私自身も，企業で多くの採用面接をしましたが，こちらがいろいろ質問を用意しているのに，ダラダラと長く答える人に対しては，「仕事ができそうもない」という評価をすることが多かったと思います。「短すぎず，長すぎず」を意識しましょう。

〔自己紹介〕

Q．自己紹介してください　⇒　第一印象はとても大事です。自分を覚えてもらうためのキーワード（大学，学科，サークル，アルバイト，趣味など，その後に質問してもらいたいアピールポイント）をできるだけ入れましょう。特に，サークルや趣味については，楽しそうな笑顔で，あなたの人柄が出せるとよいですね。

〔勉強・ゼミ〕

Q．大学の勉強で力を入れた教科は何ですか？　⇒　企業は，学生が全体的に良い成績をとっていることは，あまり期待していません。でも，大学時代に何か1つは，物事を深く考えた経験をしてほしいと思っています。自分が好きな教科やゼミで勉強したことについて，その分野を知らない相手にわかりやすく伝える能力も見られています。

〔学チカ〕

Q．学生のとき，力をいれたことは何ですか？　⇒　良くない回答は，自分がやったことだけをダラダラと説明することです。企業が知りたいのは，「その活動から何を学んだか」「苦労したこと，工夫したことは何か」「社会人として何を活かせるか」です。それらも含めて，90秒に簡潔にまとめます。まずキーワードだけを話して，次の質問で深堀りされたら，詳しく答えるとよいでしょう。

〔自己PR〕

Q．あなたの強みは何ですか？　なぜそう考えるのですか？　⇒　最初に「私の強みは，○○と××です」のように，結論を簡潔に話してから，具体的エピソードを簡潔に話しましょう。アルバイト先の店長さんや友人などの他人が，あなたを「こういう人だと言う」というと，自分

自身をほめやすくなります。

Q．あなたの弱みは何ですか？　⇒　弱みは，強みの裏返しのことが多いです。自分が弱みに気づいていて，それが問題にならないように注意していること，が大切です。

〔趣味，特技，資格〕

Q．趣味は何ですか？　⇒　趣味は意外に大事です。楽しそうに，具体的なことを話しましょう。面接官は，個性や人間的な魅力を見出そうとしています。趣味を通じて，ストレス解消ができる人なのかも知りたいので，好きな音楽，食べ歩き，スポーツ観戦といったものでも構いません。

Q．特技は何ですか？　⇒　特別な難しいことである必要はありません。子どもの頃に，水泳やダンスを習っていたことや，中学の○○部，高校の△△部での活動などについて，紹介するチャンスです。一般的に，スポーツの経験は，それほど戦績がすごくなくても，アピールになります。

Q．TOEICは何点ですか？　⇒　英語を少しでも使う会社で，資格の欄にTOEICの点が書いていないと，努力不足とみられ，損をします。大学3年の1月までに，できれば600点をとっておくようにしましょう。

4　面接の想定質問(2)：志望理由は企業ごとによく準備しよう

本節では，多くの学生にとって難度の高い質問に対応するポイントについて説明します。

〔志望理由〕

Q．志望理由を教えてください　⇒　最も大事な質問です。次の3つの質問，「なぜその業界に興味をもったか」「なぜ当社なのか」「当社でどんな仕事をしたいか」の回答も含めて，簡潔に90秒でまとめる練習をしましょう。自分の体験に基づくエピソードを話すことが必要です。志望理由については，いろいろな視点で追加質問がありますので，最初に

すべてを話そうとしなくても大丈夫です。14章5節のESで準備した
ように，志望理由を7つくらい考えておくと，「その企業への本気度」
が伝えられるでしょう。

〔キャリアビジョン〕

Q．3年後にはどのような社会人になっていたいですか？　どんな仕事をし
　　ていたいですか？　⇒　その会社に入社したと仮定して考えておきま
　　しょう。例えば3年後には「○○の営業として社内で認められて，大
　　都市の大きな顧客を担当したい」「△△の専門家として，顧客から一
　　人前と認められるようになりたい」といった回答が考えられます。

Q．5年後，10年後には，どのような仕事をしたいですか？　⇒　その会社
　　のキャリアパスをよく確認して，考えておきましょう。例えば5年後
　　には「営業として認められて，マーケティングに異動できるようにな
　　りたい」「主任として，後輩の面倒が見られるようになりたい」と
　　いった回答があり得るでしょう。10年後には「管理職としてチームの
　　リーダーになりたい」「海外駐在にチャレンジしたい」といった回答
　　が考えられるでしょう。

〔本気度を試す質問（最終面接に多い）〕

Q．他社の選考状況はどうなっていますか？　内定はありますか？　⇒　こ
　　の質問には，すべてを正直に答える必要はありません。時期と志望度
　　により，答え方に工夫が必要です。大学4年の4月頃までなら，「ま
　　だ内定はありません。御社に内定をいただけたら，前向きに考えま
　　す」と言えばよいでしょう。5月以降だと，内定がないのはむしろ不
　　自然なので，「1社から内定をいただいていますが，御社が第一志望
　　です。なぜならば・・・」でもよいでしょう。

　他にも，最終面接での次のような質問には，本気でその企業に入りたければ，
笑顔で「Yes」と答えられるようにしておきましょう。

Q．転勤はできますか？

Q．土日が忙しいかもしれませんが，大丈夫ですか？

Q．残業が多い時期もありますが，大丈夫ですか？

Q．給料が安いと感じるかもしれませんが，大丈夫ですか？

Q．忙しいですが，成長できることは約束します。チャレンジできますか？

〔逆質問〕

Q．当社に対して，逆に質問はありますか？　⇒　その会社に本気で入社したければ，聞きたいことはいろいろあるはずです。質問がないのは，本気でないか，企業研究が不足しているかのどちらかです。少なくとも，5つくらいは用意しましょう。ただし，ホームページに書いてあることや，給料・福利厚生に関することは聞かないほうがよいでしょう。

よい逆質問の例：

「○○事業部の海外展開について，可能な範囲でもっと詳しく伺えますか？」

「新サービスの△△は，既存製品と何が違うのか，もう少し伺えますか？」

「内定を頂けた場合，入社までに勉強しておいたほうがよいことは何ですか？」

「御社で成功している営業パーソンに共通することは何でしょうか？」

「将来は管理職になりたいのですが，御社で管理職として活躍している女性は，若いときにどんな努力をしていますか？」

このように，「自分はこの会社にとても興味があり，努力をするヒントがほしい」という視点が，前向きで好ましいと思います。

5　オンライン面接の対策：対面との違いを理解しよう

コロナ禍の影響で，オンライン面接が一気に普及しました。オンライン面接には，「どこからでも参加できる」「対面よりスケジュール調整しやすい」「交通費や会議室のコストがかからない」などのメリットがあるため，今後とも1，2次面接はオンラインで行う企業が多いと思います。

一方，オンライン面接には，「お互いの表情や雰囲気がつかみにくい」というデメリットがあるため，発言には少し工夫が必要です。オンラインでは，言葉以外の情報が少ないため，「情報を伝えにくく，受け取りにくい」ことを意

識しましょう。

＜オンライン面接で意識するポイント＞

・笑顔で挨拶：対面以上に，明るく挨拶することで第一印象が変わる。

・姿勢を良く：カメラ位置は，姿勢よくイスに座ったときの目の高さに調整する。

・服装は対面と同じ：見える部分だけではなく，きちんと整える。

・リアクションを大きめに：うなずく，メモを取る，OKサインをはっきりと示す。

・話し方の工夫：大きめの声で，はっきりと発語する。

・表現の工夫：文章を短めに区切る（語尾をあいまいにせず，「〜です」と言い切る）。

　また，最近はどの学生もオンライン面接に慣れているため，環境整備や事前準備もレベルが上がっています。最善の準備をしましょう。

＜オンライン面接の準備＞

・環境整備を万全に：静かな場所を確保する。

・WiFi接続の確認：途中のWiFi切れはNG。バックアップとしてスマホを準備。

・カメラ目線を意識：画面ではなく，カメラを見て話す（メモはできるだけ見ない）。

・逆光に注意：前から光を当てると，表情が明るく見える。

・気持ちを高める：自宅で急に面接モードになるのは難しい。音楽を聴いたりして，テンションを上げる。発声練習も有効。

・早めにアクセス：時間に余裕をもって入室すると，気持ちに余裕がもてる。

　最後に，グループディスカッション（GD）のポイントについて，まとめておきます。GDは，1次選考に用いられることが多い方法です。学生を数人のグループに分け，テーマを与えて討論させ，グループとしての結論を出させる

流れが一般的です。企業により，対面とオンラインのどちらもあり得ます。

　GDでは，人柄やコミュニケーション力を評価されます。グループメンバー5〜6人から2〜3人が選ばれるイメージです。集団において，「自分の意見を発言できるか」「他者の意見を聴き，理解しているか」「チームプレイヤーとして働けそうか」が見られます。

＜グループディスカッション（GD）で意識するポイント＞
・笑顔で自己紹介：グループのメンバーはライバルではなく，一緒に働く仲間と考える。
・意見を明確に：自分の意見をわかりやすく，論理的に発言する。
・話し方や姿勢が大切：議論の結論自体はあまり重要ではない。集団における立ち居振る舞いが評価される。
・他メンバーへの配慮：自分だけが話すのではなく，他者の意見をきちんと聴く。発言の少ないメンバーから意見を引き出す。
・チームワークを発揮：限られた時間内で，結論を出すことに協力する。

＜グループディスカッション（GD）で知っておくべきこと＞
・グループ内で，自分の意見が通るかどうかは，あまり問題ではない。全員が合格できるような雰囲気にできるとよい。
・ファシリテーターや発表者にならないといけないというわけでもないが，目立てるのは有利。ただし，ファシリテーターや発表者として，下手だと，意味がない。
・グループメンバーの運・不運はある。企業がどこを見ているかは，会社や担当者によるので，その運もある。
・その企業で過去に出たテーマについて，自分の意見を考えておく。友人と一緒に練習できるとなおよい。

Column　保護者へのメッセージ

　大学生のキャリア支援をしていると，「親が自分の考えと違うことを言うので困る」という声をとても多く聞きます。親が子どもの将来を心配する気持ちは理解できますが，親の思い込みによるアドバイスは，学生にとってマイナスになってしまいます。

　ここでは，数千人の大学生の支援をした経験から，保護者の方へのお願いを5点にまとめます。

①　保護者からの一方的な押し付けはしない

　大学生は親から見ると子どもですが，もう法的には大人です。彼らは自分なりに考えています。保護者の希望や意見はあってもよいですが，お子さんときちんと話し合い，その意見をよく聞いて，お互いに理解を深めてください。例えば，「安定した大企業に就職しなさい」「公務員にしなさい」「地元に帰ってきなさい」などは，よく聞く話ですが，押し付けはよくありません。本人が納得する就職活動になるよう支援してください。

②　現在の就職活動を理解し，激励する

　今の就職活動は，親世代が就職した時代よりずっとたいへんです。親世代は学校の求人票を見たり，求人雑誌でハガキを出したりという活動だったので，1人が応募する企業は，せいぜい5〜10社程度だったと思います。現在はネット就活なので，幅広い業界の多くの企業に応募できます。しかし，人気企業の倍率は100倍を超え，平均的な会社でも数十倍です。「たくさん応募しても，ほとんどはご縁がない」のです。就活期間も長くなり，継続にはエネルギーが必要です。ガッカリして落ち込むことも多いでしょう。この違いを理解して，必要に応じてお子さんを励ましてあげてください。

③　時代遅れのアドバイスはしない

　本書でいろいろ説明したように，社会は変化しています。昔の人気企業は，成熟期か衰退期にあることが多いです。親世代が名前を知っている企業は，近い将来には存在が危ういかもしれません。また，女性も「正社員として長期間働く」のが，世界中で当たり前になっています。母親の時代は，「事務職→結婚退社→専業主婦」という「人生安泰コース」がありましたが，今はこのパターンは，ほぼありません。事務職はコンピューターかパート社員に変わりました。女性も「正社員の総合職」として，男性と同様に活躍する時代です。

④　学生の判断を尊重する

　学生が，苦労の末，自分が入りたい企業に内定をもらったとき，「そんな会社知らないよ。もっと有名な会社にしなさい」というようなことは，控えていただきたいです。

　親が聞いたことがないだけで，実は人気のある優良企業や成長企業であることがよくあります。保護者が知り合いに自慢するために就活するわけではありません。お子さんの決めた道を尊重し，応援してあげてください。

⑤　無関心にはならず，必要に応じ，情報とお金を支援する

　お子さんの就職に無関心なのもよくありません。お子さんが興味のある業界・企業の情報をみつけたら，「こんな情報があったよ」と教えてあげてください。もし知り合いがいたら，紹介してあげてください。また，就活にはスーツ・バッグ・靴・交通費などにお金がかかる一方，アルバイトに時間を割けなくなることも多いものです。必要に応じて，資金を提供してあげてください。

近未来社会と働き方の変化

第 16 章

ワークライフバランス（WLB）と
働き方改革

1　WLBとは何か：ワークとライフの相乗効果を生むこと

　私は，株式会社ワークライフバランスの認定コンサルタントとして，企業や
公的組織の働き方改革を支援する仕事もしています。最近は，ワークライフバ
ランス（以下，WLB）という言葉を耳にする機会が増え，就職先を考えるとき，
「WLBが良い会社」という希望を話す学生も多くなっています。

　学生たちがWLBに求めているのは，「仕事が忙しすぎず，プライベートの時
間も持てる企業で働きたい」ということでしょう。これは間違いではないので
すが，WLBの本来の意味合いからは，少し離れています。

　WLBの本来の意味は，ワーク（仕事）とライフ（生活）の適度なバランス
をとることで，ワークにもライフにも良い相乗効果（シナジー）を生むことで
す。よくある誤解は，WLBを重視するとワークに悪影響が出るというものです
が，片方が増えると，もう片方が減るわけではありません。そのため，「ワー
クライフシナジー」というほうが適切な言葉かもしれません。

　良い相乗効果は，次のように得られます。まず「ライフ」を充実させると，
次のような良いことがあります。

- ・十分な睡眠が確保でき，適度な運動ができ，心も身体も健康になる
- ・家庭で過ごす時間が増え，家族が円満になる
- ・趣味や社外との交流で人的ネットワークが広がる
- ・自己研鑽（勉強や読書）の時間が確保できる

そこから「ワーク」にも次のような良いことがあります。

- ・健康な状態で仕事に取り組むことができるため，生産性が向上する

　・多様な経験ができることで，アイデアが豊富になり，企画力が向上する

　・業務を効率的にこなすことが日常的になり，ムダが改善される

　・職場のコミュニケーションにゆとりができ，人間関係が良くなる

　このように，ワークとライフの両方にプラスに働くことが，WLB実現の本質なのです。

　また，日本は，労働生産性が先進国では最低レベルにあることが問題です。OECD加盟国の調査では，日本は米国，ドイツ，フランスなどより，30％以上，時間当たりの労働生産性が低い結果になっています。主な原因は，日本では長時間労働が美徳だったこと，チームの役割分担が不明確なこと，時間当たり賃金で働く労働者は生産性向上のモチベーションが低いこと，などが挙げられます。

　最近は多くの企業で働き方改革が進み，長時間労働については，以前よりマシになった企業も多くあります。しかし，まだ先進諸国と比べ，取り組みが十分とはいえない業界・企業が存在することも事実です。

2　人口ボーナス期とオーナス期：人口構成による働き方の違い

　人口の変化を説明する「人口ボーナス期」と「人口オーナス期」という概念があります。これは，米国ハーバード大学のデービッド・ブルーム教授が提唱したもので，人口変化が経済発展に与える影響をわかりやすく示しています。

　まず，「人口ボーナス期」とは，ある国が「多産多死」から「少産少死」の社会に切り替わる際に，人口構成比の子どもが減り，生産年齢の人口が多くなった状態です。高齢者が少なく，労働力が豊富なため，経済発展しやすい時期です。現在の中国，韓国，シンガポール，タイなどが該当します。日本では1960年頃から始まり，1990年頃に終わりました。中国はまもなく終わり，インドは2040年まで続きます。

　一度，人口ボーナス期が終わると，再び戻ることはありません。相対的に子どもが減り，高齢者が増えるためです。この時期を「人口オーナス期」と呼びます。オーナスとは「重荷，負担」の意味です。働く人よりも支えられる人が

多くなる状況です。日本では，1990年頃から少子高齢化が顕著になり，オーナス期に入りました。

人口ボーナス期には，男性中心に長時間働くことが経済発展するために有利でした。製造業の比率が高く，力が強い人が安く大量にモノを生産する仕事が多かったためです。

一方，人口オーナス期に経済発展しやすい働き方は，大きく異なります。

・なるべく男女ともに働く：頭脳労働の比率が高く，労働力が足りないため，使える労働力はできるだけ活用する。

・なるべく短時間で働く：世界的なコスト競争において，短時間で成果を出さないと先進国に勝ち目はない。

・なるべく違う条件の人をそろえる：製品サービスに新しい価値を提供し続ける必要がある。そのためには，異なる価値観の人が協力して働ける労働環境の整備が必要となる。

日本は先進国の中で，人口オーナス期に適した働き方への転換が遅れていました。しかし最近では，政府や経済産業省が働き方改革を推進し，その成果も出てきました。

2018年のHR総研調査では，長時間労働の是正が進んだ企業が85％，業務の効率化が進んだ企業が77％，従業員の健康増進が48％，ダイバーシティ（女性活躍，育児・介護支援，高齢者雇用など）の推進が47％，従業員満足度の向上が46％といった成果が示されています。

3　男性の役割の変化：男性が家事参加すると人生満足度が上がる

最近は，家事や育児に積極的な男性も増えてきました。ある調査によると，「夫も家事を分担するほうが良いと思うか？」という質問に対し，夫も82％が「YES（自分も家事をするほうがよい）」と回答しています。妻は85％が「YES（夫に家事をしてもらいたい）」です。

これは2018年の回答で，同じ質問に対し，30年前の1988年には，夫のYESはとても低く38％，妻のYESも現在より低く60％でした。この調査では，育児に

ついても質問していますが，同様の傾向でした。1988年頃は，まだ夫婦ともに「家事や育児は妻の仕事」という意識が高かったことがわかります。

　一方，同じ調査で，「夫が家事や育児を実際にやっているか？」という質問については，「食事のしたく」14％，「食事の後片付け」20％，「洗たく」11％，「部屋のそうじ」10％と，非常に低い数字でした。妻はいずれも90％以上です。つまり，「夫は家事や育児をやるつもりはあるが，実際にはやっていない」ということです。世の中の女性たちの「やるつもりがあるなら，やれよ」という怒りの声が聞こえてきそうです。

　　出所：博報堂生活総合研究所による1988年から2018年までの調査（20代から50代までの夫630人，妻630人の回答）

　少し男性の肩をもつと，中学校の家庭科の授業が男女共学になったのは，約30年前です。つまり，大学生の親世代である40代後半以上の男性は，中学や高校で，料理・裁縫・洗たくなどを習っていないのです。家事の基本スキルが不足していることも，男性の家事参加が少ない原因といわれています。私自身も，今では料理をそれなりにできるようになりましたが，小学校の家庭科でハムエッグを作ったあとは，結婚するまで料理をする機会がありませんでした。

　ここで，面白い調査結果をご紹介します。**図表16-1**は，1週間に男性と女性がそれぞれ何時間，家事をしているか（棒グラフ，左軸）と，人生満足度（折れ線グラフ，右軸）を国別に示したものです。デンマークでは男性も22時間も家事を行います。日本はわずか7時間です。ちなみに，日本より男性の家事時間が少ないのは，韓国だけです。日本と韓国は，儒教の影響で「昔ながらの役割分担（男は仕事，女は家庭）」が残っているようです。

　この調査によると，全体の傾向として，男性が家事を多く行う国は，人生満足度も高くなるそうです。デンマーク，オーストラリア，ドイツ，ノルウェー，カナダ，フィンランド，スウェーデンなどが該当します。

　大学生世代の男性は，中学や高校の家庭科の授業があったでしょうし，自分も家事や育児をやろうと思っている人は多いと思います。ぜひ，ワークライフバランスを意識して，仕事を効率的にこなし，家事や育児に積極的に参加する男性が増えてほしいと思います。その結果として，人生満足度も上がるのでは

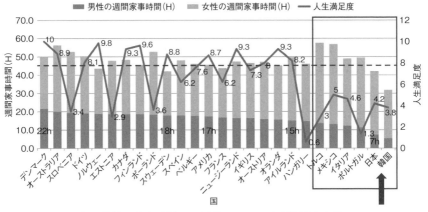

図表16-1　男女の週間家事時間と人生満足度

男性が家事参加している国は，人生満足度も高い。

日本の男性の家事時間は，最低レベル。人生満足度も低い。

出所：Newsweek日本版をベースにnano-trends.netが作成
　　　人生満足度指数は，OECDのBetter Life Index

ないでしょうか。

4　2人で働き続けるメリット：経済面，生きがい，楽しさ

　ここではまず，女性が働き続けることで，一生の収入（生涯所得）にどのくらいの違いがあるかを見ておきましょう。

　図表16-2は，女性の収入を，働き方のケース別に生涯所得としてまとめたものです。Aは，正規雇用（正社員）として定年まで働き，出産などの休業がない場合で，生涯所得は2億5,816万円になります。A-Aは，正社員で働き，育休を2回取得した場合で，2億3,008万円です。同様に，A-T1とA-T2は，正社員で育休2回をとり，途中は時間短縮勤務（時短）の場合です。時短の期間によりますが，生涯所得は2億円を超えます。

　一方，A-R-Pは，正社員として働いた後，出産退職し，その後はパート勤務にした場合です。この場合は，生涯所得が大きく減って，6,147万円です。Bは，はじめから非正規雇用の場合で，出産などの休業がなくても，生涯所得

は１億1,567万円にしかなりません（もちろん，業界や職種の違い，個人の能力差などにより，所得には大きな個人差があります。上記は全体の平均値です）。

図表16-2　女性の働き方ケース別生涯所得

女性が働くことで，家庭の経済的ゆとりができる。

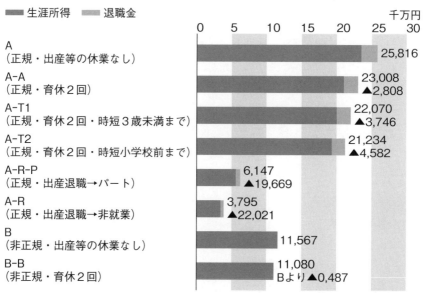

資料：厚生労働省「平成27年賃金構造基本統計調査」，及び「平成25年就労条件総合調査」から作成
出所：ニッセイ基礎研究所

　このように，女性が経済的に豊かになるには，正社員として就職し，子どもが小さい時期は時短勤務でよいので，正社員で働き続けることが大切ということがわかります。言い換えると，夫も家事・育児に参加して，妻が働きやすい環境にできると，家庭の経済的ゆとりができるのです。

　夫婦が２人で働き続けるメリットをまとめると，次の３点があります。

　１つめは，「経済面」です。ここまで見てきたように，夫婦で働くと，生涯世帯収入が大きく違います。男性の平均生涯所得は３億円弱です。これを男性１人で４億円にしようとすると，非常にたいへんです。しかし，夫婦でWLB

を高め，家事や育児を協力し合い，男性が2億円，女性も2億円の収入を得られると，4億円になります。

2つめは，「生きがい」です。100年生きる時代には，男女とも，キャリア（人生）を自立的に考えることが大切です。男性も女性も，働き続けることで，仕事にも仕事以外にも生きがいを感じられる場面が多くなるのではないでしょうか。

3つめは，「楽しさ」です。2人で協力し合って，家事・育児を行うことで，共通の話題が多くなります。夫が家事に参加している家庭は，夫婦円満なことが多いと感じます。また，経済的なゆとりがあることで，子どもの教育，旅行，遊び，趣味などに選択肢の幅が広がるメリットもあるでしょう。

5　就活におけるWLB：あまり心配しすぎなくてもよいかも

ここでは，大学生の就職活動において，どのような視点でWLBを捉えるかを考えます。一般的に，ある企業のWLBを見るには，次の視点があります。

・3年後離職率：新卒社員が3年以内に退社する割合です。全業界の平均は30％です。業界によるバラつきが大きいので，同じ業界の他社と比べ，目立って高くなければ大丈夫でしょう。

・有給休暇取得日数：有給休暇はすべてを取得できることが望ましいですが，日本企業の平均値は，10日程度といわれます。

・女性社員比率：非正規雇用ではない正社員の女性社員比率が，その業界で特に低くなければ安心です。一般的に，女性が働きやすい会社は，男性にも働きやすいことが多いのです。

・女性管理職比率：日本企業には，まだ13％程度しか女性管理職がいません。先進国の中で極めて低いため，日本政府はこれを早急に30％に上げることを目標にしています。

・育児休暇取得率：女性の産休・育休は，ようやく一般的になってきました。最近では，男性（夫）の育休取得率を公表する企業も増えてきています。

・残業時間：公表されている数字と実際とは，かい離があることが多いでしょう。ただし，ある程度の企業規模であれば，労働基準法は遵守しているはずです。気になる人は，OB・OGなどに実態を聞いてみてください。

以上のような数字がありますが，新卒の就職時には，あまりWLBを気にしすぎなくてもよいのかもしれません。

例えば，私は女子学生からよく「子どもを持っても働き続けたいので，育休をとりやすい仕事をしたい。どんな仕事がいいでしょうか？」と相談されます。そういう人に，私は「2～3年以内に，結婚や出産の予定がありますか？」と聞きます。多くの学生は「予定なんてありません。結婚を決めた彼もいません（笑）」と答えます。

その場合には，私は，「相手も決まっていないうちから，遠い将来を心配しすぎなくていいかもしれませんよ。まずはやりたい仕事，自分が成長できる仕事を探して，3～5年バリバリ働いて実力をつける，という考え方もありますよ」と話します。

必ずしも，一生同じ会社に勤める時代ではありません。また，WLBに関する法律や社内制度はどんどん良い方向に変化していきます。したがって，若い時期には，「少し忙しい業界・職種でも，やりたいことにチャレンジする」と，長期的なキャリアにプラスになることも視野に入れておくべきでしょう。

＜ワーク＞　就活においてのWLBの位置づけ，気にするポイントをメモしてみましょう。

メモ

第17章

多様性（ダイバーシティ）時代の
キャリア開発

1　ダイバーシティとは：多様な価値観を認め合う

　「ダイバーシティ（Diversity）」は，直訳すると「多様性」で，さまざまな属性の人が集まった状態を指します。属性には，年齢，性別，人種，国籍，宗教，障がいの有無など，多くの要素があります。

　従来，日本企業におけるダイバーシティは，女性，外国人，障がいのある人などの雇用推進を説明するときに用いられてきました。それが現在では，多様な人材を登用し活用することで，組織の生産性や競争力を高める経営戦略として認知されてきました。

　図表17-1を見てください。これは私がスイス系の医療機器企業に勤務していた2007年のマネジャー会議の写真です。日本企業と何が違うか，考えてみてください。これはアジア太平洋地区なので，日本，中国，韓国，シンガポール，東南アジア，オーストラリア，インドなど，約25ヵ国の某事業部のマネジャーの集まりです。

　日本企業との違いは，①いろいろな人種・国籍の人がいる，②女性が多い，③比較的若い，の3点です。

　まず①の人種・国籍については，見るからに明らかです。アジア各国の人以外に，欧州や米国の人たちもアジアで働いているので，国籍は，おそらく30ヵ国以上になります。実は，日本人はこの中には私ともう1人しかいません。

　次に②の女性比率については，30％以上が女性マネジャーです。女性が活躍しやすいといわれる医療機器の仕事ということを考慮しても，これは17年前なので，今はもっと女性マネジャーが多いはずです。グローバル企業では，女性

図表17-1　グローバル企業のマネジャー会議（2007年）

マネジャーが半数程度いるのが，当たり前になっています。

　③の年齢層については，もし日本の伝統的な大企業でマネジャー会議の写真を撮ったら，40代以上のオジサンばかりになります。グローバル企業では年齢は関係ないので，実力がある人は若くても責任ある仕事に就くことができます。

　これからの日本社会は，少子高齢化で労働人口が減るので，女性はもちろん，シニア人材，外国人，障がいのある人などの活躍推進が不可欠になっていきます。また，宗教，LGBTQなども含む，異なる価値観を受け入れていくことも必要です。

　多様な人材の活用については，欧米アジアのグローバル企業で当然のように実行されていることが，日本企業ではいまだに遅れています。日本の男女平等（ジェンダーギャップ）の順位は，世界の中で相対的に下がっています。「Global Gender Gap Report 2023」（世界経済フォーラム）において日本は146ヵ国中125位で，先進国では最低です。シンガポールや台湾はもちろん，中国や韓国より下回っているという状況なのです。

　大学生の皆さんも，ダイバーシティ時代に合った価値観を育てていく必要があります。そのためには，学生時代から学科やサークルの仲間だけではなく，多様な人と積極的に会話する機会をもつとよいでしょう。例えば，これまで話す機会のなかった学生，留学生，アルバイト先の人などと話してみることです。

さらには，ボランティア活動，インターンシップ，海外旅行などで多くの人と交流できると自分自身の成長につながるでしょう。

2　ダイバーシティ経営のメリット：イノベーションを促し，社員にもプラス

　従来の日本企業は，「男性中心のマネジメント方針」でした。これは，16章で説明した「人口ボーナス期」には経済発展しやすい働き方として効率的でした。1950年代から80年代には，「なるべく同じ条件の人（新卒入社の男性）を長期雇用し，長時間労働させる」ことが高度成長を支えたのです。

　しかし，2000年以降の日本は，「人口オーナス期」に入っています。働く世代の人口が減少していく社会は，労働力不足になります。そのため，女性，シニア，中途入社，外国人，障がいのある人などが働きやすい環境を整え，「なるべく多様な人材が，短時間で成果を出す」ことが効率的になります。つまり，「多様な人材を活かす，付加価値の高いビジネスモデル」へ転換しなければ，国家も企業も生き残れないわけです。

　経済産業省は，ダイバーシティ（多様性）経営のメリットとして，3点を挙げています。

　①　イノベーション：似たようなバックグラウンドの男性だけで議論するよりも，多様な人材の知識・経験・価値観を持ち寄ることで，新しい発想が生まれ，創造性や効率性が高まります。

　②　外部評価の向上：多様な人材の活用とその成果により，顧客・市場からの評価が高まります。優秀な人材の採用や，株式市場での評価（株価）にもプラスの影響があります。

　③　職場内の効果：多様な人たちが一緒に働くことで，従業員のモチベーションが向上したり，職場環境が改善したり，離職率が低下したりというメリットがあります。

　このようなダイバーシティ経営のメリットを引き出すには，管理者層が，「多様な人材の育成のポイント」を理解する必要があります。私は企業のマネジャー向けダイバーシティ研修で，次のような質問をします。

質問「あなたは野菜農家です。畑ではキュウリ，トマト，ナス，ピーマンを育成しています。どのように育てますか？」。

回答は，「それぞれの野菜に適した方法で育てる」です。これは，過去の日本の職場では，キュウリだけを育てていたが，今後は，多様な野菜を育てる必要があるという喩えです。キュウリは，新卒男性社員のイメージです。キュウリだけなら，同じタイミングで日光・水・肥料・農薬を与えれば，同じように育ちました。みんながキュウリになりたいので，画一的に研修をして，OJTで教えれば，それなりに成長しました。

一方，トマト，ナス，ピーマンは，例えば，女性社員，中途入社社員，外国人社員のイメージです。そもそも，各自の「将来なりたい姿」が異なります。日光・水・肥料などの量やタイミングもそれぞれ違います。マネジャーは，「個別に対話し，それぞれに適した育成方法を考える」必要があります。これは正直なところ面倒くさいのですが，ダイバーシティ経営のメリットを引き出すためには不可欠なのです。

3　グローバル企業で働く：5つのメリット・楽しさ

グローバルに展開している企業は，ダイバーシティ経営が進んでいます。私は約20年間，欧米に本社があるグローバル企業（いわゆる外資系企業）の日本法人で働きました。私の妻も，複数のグローバル企業に長く勤めています。その経験から，グローバル企業で働くメリットや楽しい点を説明します。

(1) 多様な国籍や文化の人たちと一緒に働ける

世界各地に仕事の仲間ができます。外資系コンサルティング会社の場合，プロジェクトごとに，その領域の専門家によるプロジェクトチームが編成されます。例えば，私が担当した日本企業の海外進出プロジェクトでは，ドイツ，スウェーデン，米国，シンガポールのコンサルタントと，数回の出張や毎日の電話会議などを通じて，半年間，一緒に働きました。コンサルの仕事は苦労も多いですが，一緒に何度も食事をして，それぞれの国の政治・経済・歴史・文化などについて本音で語り合えたのは，得難い経験でした。

　外資系の製造業の場合は，開発や製造は海外で行っていることがよくあります。私がある医療機器の新製品を日本で発売したとき，その製品の開発はスイスと米国，製造はチェコとメキシコだったので，複数の拠点をつなぐオンライン会議を何度も行いました。新製品発売には，承認申請，生産計画，品質管理，物流などの問題が山積みです。それぞれの主張をぶつけ合い，議論を重ね，ようやく発売にこぎつけられたときには，国を超えて仲間意識が生まれました。

(2)　世界最高レベルの製品サービスを扱える

　グローバル企業は，それぞれの領域で世界最高レベルと認められている製品や，最新技術を使った新製品を取り扱っています。製品サービスに優位性がなければ，世界で戦えないためです。米国アップル社が開発したスマートフォン，ドイツの自動車（メルセデス，BMWなど），多くの医薬品や医療機器などがわかりやすい事例です。

　私は複数の医療系のグローバル企業に勤務しました。例えば，スイスのロシュ・ダイアグノスティックス社は，世界最大手の診断・検査機器企業です。新型コロナウイルス対策で有名になったPCR検査を開発した会社で，私は2003年頃，PCR検査機器を日本で普及する仕事をしていました。当時から優れた技術であることは認められていましたが，現在のように広く社会の役に立つ日が来るとは，夢にも思いませんでした。

　また，米国の医療機器企業やデンマークの補聴器企業に勤めたときも，ともに国内企業より優れた製品を持っていました。日本のユーザーに，自信をもって自社製品を紹介できることをうれしく感じました。

(3)　年功序列ではない実力主義である

　日本企業の多くは，まだ年功序列の人事制度が残っています。多くのグローバル企業は，性別，国籍はもちろん，年齢による差別はありません。実力主義なので，若くても能力があれば，重要な仕事を任され，成長できる実感があります。

　イメージでいうと，プロスポーツ選手に似ています。年齢に関係なく，試合で活躍し続ける人は大事にされ，年俸も上がっていきます。スポーツ選手ほど，極端に年俸に差が出ることも，すぐにクビになることもありませんが，基本的

な考え方は同じです。

グローバル企業で活躍できるのは，成長意欲があり，仕事の結果を出し続けられる人です。もし上手くいかないことがあっても，次は何とかしようと前向きに考えられることも大切です。

(4)　ワークライフバランスが良い

グローバル企業は，休暇がとりやすく，残業も少ないので，日本企業よりワークライフバランスはとても良いことが多いです。欧米では，休暇は労働者の当然の権利なので，有給休暇は取りやすいです。私も妻も，外資系企業では毎年の有給休暇は，すべて取得していました。

また，3章5節で説明したように，グローバル企業の多くは，「ジョブ型雇用」（ある仕事をできる人を雇用する）なので，各自の仕事の役割が明確です。日本企業の多くは「メンバーシップ型雇用」（ある企業のメンバーになり，長期間働きそうな人を雇用する）なので，各自の仕事は必ずしも明確ではありません。日本企業では，もしグループ全体で仕事が忙しければ，自分の仕事以外もお互いに助け合うのが一般的なので，残業が多くなりがちです。

ジョブ型雇用でも，グループで助け合うことはありますが，個人の仕事がはっきりしているので，自分のペースで仕事ができることが多いです。「今日は早く帰る」ことに，誰も文句は言いません。むしろ残業をするのは，「効率が悪い，能力が低い」と思われる面もあります。

(5)　給料が高いことが多い

給与の金額は，業界・職種・役割によって異なりますが，一般的にグローバル企業は，同じ仕事の日本企業と比べて，高めに設定されていることが多いです。国内では日本企業より知名度が低いので，少し高い給与にしないと優秀な人材が採用できない面があります。また，世界中の同じ仕事の人は，同様の給与レベルにそろえるため，日本人の給与も欧米並みに設定されることも多いためです。

私の経験的な感覚では，グローバル企業で英語を使うポジションでは，日本企業より20〜50％くらい年収が高くなる傾向があると思います。年功序列ではないので，若いうちはもっと差があるかもしれません。

　私は東京大学の理系学生にキャリア支援をしていました。優秀な学生たちに人気がある外資系のコンサル企業（マッキンゼー，アクセンチュアなど），IT企業（グーグル，アマゾンなど），AIベンチャー，金融系企業などでは，20代でも1,000万円を超える年俸を出す企業も多くなっています。給与だけで就職先を決めることはお勧めしませんが，日本の大手企業は年功序列の給与体系がほとんどなので，学生としては迷うところです。

4　英語コミュニケーション力：TOEIC600点は必須

　前節では，ダイバーシティの進んだグローバル企業で働く楽しさを挙げてきました。本節では，苦労する点や必要な能力について説明します。

　6章2節で，スタンフォード大学のクランボルツ教授が提唱した計画的偶発性理論に基づく，「グローバルに成功した人に共通する5つのスキル：好奇心，持続性，柔軟性，楽観性，冒険心」を紹介しました。この5つに加え，多くの日本人の場合，「英語コミュニケーション力」と「異文化受容力」に苦労する人が多いので，この2つについてまとめていきます。

　まず，英語コミュニケーション力についてです。私は大学生には，「英語ができて損をする仕事はない」といつも話しています。何か1つ資格の勉強をするなら，TOEICをお勧めします。

　例えば，最近は，JRや私鉄の車掌さんも，英語でアナウンスができる人が増えています。これまでの車掌さん・駅員さんはあまり英語ができないので，外国人の観光客が増える時代に対応するために，英語ができる若手は貴重な戦力です。

　公務員試験でも，英語力の加点がある自治体が増えています。民間企業では，グローバル展開している業界はもちろん，これまではあまり英語が必要なかった業界でも，英語ができる若者の採用ニーズは高まっています。

　英語力を客観的に示すには，社会に出るまでに，「TOEIC600点」（電子メールの読み書きができるレベル）を最低目標にするとよいでしょう。就職のエントリーシートでも，TOEICの点数を書く欄があります。今の時代は，英語を

少しでも使う企業にエントリーする場合は，TOEICで600点をとれていないと，努力不足，能力不足と思われ，足切りされる企業が多いでしょう。

　英語を仕事で使いたい場合には，TOEIC730点（オンライン会議に参加できるレベル），できれば800点（オンライン会議で発言できるレベル）が必要です。例えば，社内公用語を英語にしている「楽天グループ」では，入社までにTOEIC800点取得が条件です。内定時に700点だとしても，入社時までに800点を取得するよう，通信教育の宿題をもらいます。その結果，全員が入社までに800点に到達するそうです。

　大学生はあまり気づかないことですが，入社後の昇格の要件にもTOEICの点数を挙げている企業は非常に多くあります。例えば，私が勤務していた三菱ケミカルでは，1998年時点で，課長職への昇格条件はTOEIC730点でした。グローバルに展開している企業で，ある程度のポジションに昇進しようと考えると，TOEICは避けて通れません。

　実際に英語で仕事上のコミュニケーションができるようになるには，リーディングとリスニングが主体のTOEICだけでは不十分です。自分が伝えたいことを論理的に整理し，それを英語で表現する（スピーキングやライティング）スキルも重要です。これは多くの日本人にとって，習得に時間がかかります。英会話教室に通ったり，海外語学留学に行ったりすることも有効でしょう。

　私自身は，社会に出た25歳の頃はTOEIC480点しかとれませんでした。海外で仕事をしたかったので，その後，10年くらい断続的に勉強し，留学も経て，最高960点までとることができました。でも自由に外国人と会話するレベルには遠く，まだまだ不十分です。10代の若いうちに，もっと耳から入る英語の勉強をしておくべきでした。

　私は英語の専門家ではないので，英語の勉強方法については，あまりアドバイスできません。自分に合った方法を模索してください。キャリア開発の視点では，英語を仕事で使えることで，キャリアの選択肢に幅ができることは確かです。

5　異文化受容力とは：仕事の仲間として，違いを受容できること

　ダイバーシティ時代に必要な能力の2つめは，「異文化受容力」（自分とは異なる要素を受け入れる力）です。ダイバーシティの要素には，性別，年齢，人種，国籍，宗教，嗜好，価値観など，多様な視点があることは，すでに見てきたとおりです。

　仕事における異文化受容力とは，自分との違いを受け入れ，仕事をするうえで問題がないようにお互いに配慮することです。私が経験した事例をご紹介します。

＜宗教の違い＞

・三菱ケミカルのインドネシア工場には，イスラム教徒の従業員が多くいます。彼らが仕事中にも，必要に応じてお祈りをできるように，工場敷地内に礼拝所があります。

・スイス系企業の事業部長だったとき，直属の上司は，インド人の敬けんな宗派のヒンドゥー教徒の方でした。その宗派は，牛，豚は食べない（宗教的に大事な日は，チキンや魚もNG）ので，日本ではレストラン探しに苦労しました。

＜年齢の違い＞

・外資系コンサル会社に転職して，プロジェクトリーダー（上司）が自分より「年下の女性」であることを経験しました。それまでの日本企業では，上司は年上の男性しかいなかったので，慣れるまで少し違和感がありました。

・40代の前半は，外資系企業の事業部長として，多くの「年上の部下」を持ちました。自分が知らない業界で，その仕事を長く経験している年上の人たちに働いてもらうには，まず信頼関係を構築することの大切さを実感しました。

<国籍の違い>

・外資系企業では，いろいろな国籍の外国人の部下がいました。アメリカ，中国，ドイツ，タイなどの人たちです。外国人の場合，仕事の目的や内容に納得しないと動いてくれないので，論理的で丁寧な説明が必要なことを学びました。

<LGBTQ>

・2000年頃，外資系コンサル会社で家族同伴のパーティーがあったとき，ある英国人男性が，男性のパートナーを連れてきました。私としてははじめて，LGBTQの方を身近に感じた経験でした。当時は英国では同性の結婚は認められていなかったため，その2人は米国に移住して結婚しました。

　大学生が異文化受容力を高めるには，まず，多様な人と会話することです。同世代の友人だけではなく，アルバイト，インターンシップ，ボランティア活動などを通じて，年齢の違う人，外国人，障がいのある人などと話す機会をもちましょう。そこで，自分とは異なる立場，経験，価値観などを受け入れることに慣れていくとよいでしょう。

　海外旅行や海外留学は，さまざまな価値観に触れる良い機会です。できれば1人で，日本人があまりいない場所に行くと最高です。

<ワーク>　ダイバーシティ時代に活躍するために，自分が今後，やりたいことをメモしましょう。

メモ

第18章

アフターコロナ時代の働き方

1　アフターコロナの働き方：テレワークで成果を出す自律的な人材

2020年の年初から3年以上，新型コロナウイルス感染症（COVID-19）が世界中に影響を与えました。将来が予測できない「VUCAの時代」を象徴する出来事として，長く人々の記憶に残るでしょう。

> 注：2023年秋の時点でも，コロナ禍は完全に終息したとはいえず，まだ「Withコロナ」かもしれません。が，2023年5月にインフルエンザと同等の5類感染症に移行したため，ここでは「アフターコロナ」という表現を使います。

コロナ禍により，現在の大学生は，10代後半の貴重な時期を期待したように過ごせず，歯がゆい思いをした世代です。後述しますが，ぜひ，この経験を前向きなエネルギーに転換して，今後のキャリア形成に活かしてもらいたいと思います。

さて，コロナ禍の数少ないプラス面としては，日本社会のオンライン化が一気に進んだことが挙げられます。多くの職場で，テレワーク（在宅勤務）が取り入れられました。テレワークのメリットは，「時間と場所にとらわれない働き方」が可能になることです。その良さを知った多くの企業では，今でもテレワークが継続されています。仕事の内容にもよりますが，コロナ前に戻ることはなく，テレワークを前提とした社会に移行したといえるでしょう。

人生100年時代には，社会の変化に柔軟に対応して，長い期間，働く必要があります。特にテレワークでは，上司や同僚に見られていなくても，「自律的に働き，成果を出せる人材」が求められます。いつも誰かの指示を待っている

ような受身の人は，テレワークには向きません。

　ここで，『進化論』の著者であるチャールズ・ダーウィンの言葉を紹介します。ダーウィンが，ガラパゴス諸島などで，さまざまな生物の進化を研究したことはよく知られています。その結論は，「強い種や賢い種が生き残ったのではない。変化に適応できた種が生き残ったのだ」ということです。

　これを企業や個人に置き換えると，「変化に適応できる企業や個人が生き残れる」ということです。社会人になったら，テレワークに必要なスキルを本気で習得するように，取り組みましょう。それがキャリアの選択肢を広げることにつながります。

2　マルチコミュニケーション力とは：多様なツールを使い分ける

　テレワークでも成果を出せる自律的な人材になるためには，①マルチコミュニケーション力，②仕事の優先順位づけ（タイムマネジメント力），③レジリエンス，の3つが特に必要です。

　本節ではまず，①マルチコミュニケーション力について説明します。マルチコミュニケーション力とは，多様なコミュニケーションツールを上手に使い分け，適切な人と効率よく連携して仕事をするスキルです。

　組織や仕事の性質により，多少の違いがありますが，電話，電子メール，チャット，オンライン会議の特徴と使用場面は，**図表18-1**のとおりです。電子メールは，大勢に同時に送ることができ記録が残るので，一般的な報告や連絡に適しています。一方，緊急性の高い報告や込み入った話をするときは，電話が適しています。オンライン会議は，お互いの顔を見ながら意見交換ができますが，大勢の時間をとりすぎないようにしたいものです。最近は，簡単な連絡や相談にはチャットを使う組織も増えてきました。

　それぞれの職場や上司・同僚の仕事の進め方によって，コミュニケーション方法には違いがあります。チーム内でルールを話し合い，日々の仕事で実践していきましょう。

図表18-1　マルチコミュニケーション力と各ツールの特徴

マルチコミュニケーション力とは
多様なツールを使い分け，適切な人と連携すること

電話		メール	
特徴	使用場面	特徴	使用場面
・短時間で多くの情報を交換できる ・声の調子で相手の感情がわかる ・**相手の時間を強制的に奪ってしまう** ・電話回線を使える	・**緊急性の高い報告，相談** ・チャット，メールで伝わらない際のフォロー ・**込み入った話をする時** ・ネット回線が不調の時	・**大勢に同時に送れる** ・記録として残しておける ・情報を管理できる ・ファイル添付やスケジュールの挿入など，カスタマイズの幅が広い	・**一般的な報告，連絡** ・メールの転送 ・社外とのコミュニケーション
チャット		オンライン会議	
特徴	使用場面	特徴	使用場面
・スピーディに会話できる ・会話の流れが見える ・履歴を追うのが困難	・**簡単な連絡，相談** ・作業と並行してコミュニケーションする時 ・**雑談**	・**大勢が参加できる** ・表情や仕草が伝わる ・モノを見せることができる ・回線が弱いと上手くつながらないことがある	・お互いの表情を見たいとき ・**ディスカッションが必要なとき** ・見せたいものがあるとき ・1対1の面談，1対多のプレゼン，複数人の会議

3　仕事の優先順位づけ：タイムマネジメントで成果が上がる

　次は，②仕事の優先順位づけ（タイムマネジメント力）です。テレワークは，周囲に上司や同僚がいないため，その日のスケジュールは，基本的にすべて自分で決めないといけません。時間の使い方で，仕事の成果が大きく変わってきます。

　ここでは，長年のベストセラーであるスティーブン・コヴィー『7つの習慣』の考え方を紹介します。**図表18-2**は，「時間管理のマトリクス」です。縦軸は重要度，横軸は緊急度を示します。このマトリクスのそれぞれの象限に，自分の仕事（日々のタスク）を当てはめてみましょう。

図表18-2　仕事の優先順位づけ（タイムマネジメント力）

> テレワークでは，特に，全員が時間管理の意識を持つことが重要。多くの人は，Ⅰ領域（緊急かつ重要）の次に，Ⅲ（緊急だが重要でない）やⅣ（緊急でも重要でもない）に時間を費やしてしまう

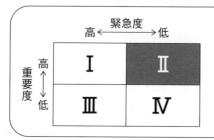

"人生の成功は，いかに「Ⅱ領域（緊急ではないが重要）」に時間を使う習慣をもてるかどうかにかかっている"

・Ⅱ領域に時間を使うことを意識づけると，仕事力が劇的に上がる
・Ⅱ領域には，「計画立案，新企画や業務改善の提案，知識や技術の習得，社内外のネットワーク作り，リラックス・休暇」などが入る
・Ⅲ領域は効率良く片付け，Ⅳ領域はできるだけやらない

出所：『7つの習慣』S・コヴィー

　多くの人は，Ⅰ領域（緊急かつ重要である）の仕事は，最優先で時間を割くでしょう。例えば，重要な顧客対応，重要な会議への参加などが挙げられます。一方，この本が強調しているのは，「人生の成功は，いかにⅡ領域（緊急ではないが，重要である）に時間を使う習慣をもてるかどうかにかかっている」ということです。

　Ⅱ領域には，「計画を立てる，新しい企画や業務改善を考える，自分の成長のために知識や技能を習得する，社内外のネットワークを作る，リラックスする・休暇をとる」などが含まれます。この領域に時間を使うことを意識づけると，仕事力が劇的に上がるといわれています。

　多くの人は，Ⅲ領域（緊急ではあるが，重要ではない）の仕事，例えば，それほど重要ではない顧客への対応，丁寧すぎる資料作成，長いメール対応に追われてしまいます。もっと要領が悪い人は，Ⅳ領域（重要でも緊急でもない）の仕事，例えば，必要ないメールのやりとり，ムダな電話などに時間をとられがちです。テレワークでは，周囲の目がないので，仕事以外のことをしたり，眠くなったりすることもあるかもしれません。Ⅲ領域は効率良く片付け，Ⅳ領

域はできるだけやらない，というのが基本です。

　ではどのようにすれば，Ⅱ領域に時間を使えるでしょうか。例えば，私が実行していたのは，毎朝「ToDo（やること）リスト」を作り，Ⅱ領域の仕事に優先的に取り組むことです。あるいは，時間を決めて（例えば，午前11時から12時まで），Ⅱ領域に時間を確保するといった方法もあります。

　ぜひ，自分のやり方を工夫して，効率の良いタイムマネジメントを実践してください。

4　自律的な人材になるために：レジリエンスを高める

　最後は，③レジリエンスです。レジリエンスとは，「折れない心，メンタルタフネス」のことです。変化の大きな時代に，自律的な人材になるためには，特にレジリエンスを高めることが必要です。

　レジリエンスを高めるための5つの視点があります。

①　長期的に物事を考える：5年くらいの長期スパンで人生を考えると，目の前の仕事が上手くいかなくても，必要以上に気にならなくなります。

②　気持ちを落ち着ける習慣をもつ：順調に仕事が進まないとき，目薬をさしたり，ストレッチをしたり，「さあ，ここからだ」と自分に声がけしたり，といった自分なりの習慣をもつとよいでしょう。

③　プライベートを充実させる：趣味，スポーツ，ボランティア，家族との時間など，仕事以外の楽しいことをもちましょう。

④　楽観的に考える：つらい状況でも「何とかなる！」と考えられる人は，逆境に強いものです。

⑤　現実を直視して受け入れる：人生にはどうしようもできないこともあります。その現実を受け入れ，時間が経つのを待つのも，1つの方法です。

　本章のはじめに書いたように，現在の大学生は，コロナ禍により，高校・大学時代にいろいろなことで我慢を強いられるという経験をしました。この経験

は，その当時はとてもつらかったと思いますが，今振り返ると，レジリエンスを高められたのではないでしょうか。

　社会に出てイヤなことがあったとき，コロナ禍でつらかった時期を思い出してください。学校に行けなかった，友人と自由に会話できなかった，部活で試合ができなかった，卒業式や修学旅行がなくなった，など，精神的に厳しい時期があったはずです。「今は仕事がきついけれど，コロナのあの頃よりマシだ」と思えると，逆境を乗り越えられるのではないでしょうか。若い皆さんがレジリエンスを高め，たくましく生きていくことを願っています。

第 19 章

社会の変化と新しい働き方

1　ベンチャー企業の選択肢：挑戦して成長したい人向き

　人生100年時代では，すでに見てきたように，5〜10年ごとに時代に合った仕事を主体的に探していくことになります。既存の企業だけではなく，ベンチャー企業や起業も将来のオプションになるかもしれません。また，仕事をしながら，副業・NPOなどの社会貢献・地域活動をして次のキャリアのヒントを得ることも一般的になります。日本政府も，副業や週休３日勤務を推進しようとしています。本節からは，「社会の変化と新しい働き方」について説明します。

　ベンチャー企業とは，新しい製品・サービスや事業を展開する企業の総称です。特に「資本金○円以下」や「創業△年以内」などの明確な定義はありません。「中小企業」との区別がしにくいですが，代表的なベンチャー企業の特徴は「成長過程にある」と「新しい事業・サービスを展開している」の２点です。

　次のような志向の人は，ベンチャー企業に向いているといえるかもしれません。

- ・新しいことに挑戦したい
- ・全力で仕事に取り組み，早く成長したい
- ・精神的にタフで，落ち込みにくい
- ・いつか起業，独立したいと考えている
- ・うまく行けば，大金持ちになりたい

　一般的に，ベンチャー企業は企業規模が小さいので即戦力の中途採用が中心です。新卒採用は少ないので，知り合いがいるなどのご縁がないと難しいかも

しれません。でも，社会に出てから３年後以降の選択肢としては，大いにあり得るかもしれません。

　ベンチャー企業は，３章３節で説明した事業ライフサイクルの①導入期，または②成長期のステージにあります。新しい製品・サービスを開発・普及しようとしているので，会社が成長していて活気があることが多いです。

　図表19-1は，ベンチャー企業の特徴を，既存の中小・大企業と比較したものです。最初の２つの項目，「安定性」と「福利厚生の充実度」では，ベンチャー企業は既存企業に劣ります。まだ新しく小さい企業なので，当然といえます。

図表19-1　ベンチャー企業と既存企業の比較

安定性は低いが，裁量が大きく，自分が成長できる。
給料は，昇進すれば上ったり，ストックオプションでもらえるので，上場すれば大きい。

	ベンチャー企業	中小企業・大企業
安定性	×	○〜◎
福利厚生の充実度	×	○〜◎
裁量の大きさ	◎	○〜×
昇進のしやすさ	○	△〜×
給料	△	△〜◎

　３つめの「裁量の大きさ」では，既存企業に大きく勝ります。ベンチャーは少人数で経験者も少ないので，自分の裁量で仕事を進められることが多いためです。新規事業に手探りで挑戦する経験は，忙しいかもしれませんが，仕事は楽しく，自分が成長できることが多いものです。

　４つめの「昇進のしやすさ」とは，ベンチャーでは自分より経験の長い人，年上の人が少ないため，仕事で認められればリーダーやマネジャー，さらには部長や役員といった役職に就きやすくなります。給与も上がっていくでしょう。管理職として部下をもつ経験を若い時期からできることも，既存企業より魅力的な点です。

5つめの「給料」については，ベンチャーでは基本給は低めから始まることが多いです。しかし，企業が成長すれば，給与水準も上がっていき，管理職に昇進すれば，若い時期に既存企業より給与が高くなることも多いでしょう。また，自社株をもらえる場合には，株式が上場したときに売却できれば（ストックオプションといいます），大きな収入になることもあります。

このように，ベンチャー企業は安定性を求める人には向きませんが，新しいことにチャレンジして大きく成長したい人の選択肢としては，面白いと思います。

2　ベンチャー企業の成功事例：GAFA，楽天，メルカリ

ベンチャー企業といっても，大学生の皆さんにはピンとこない人も多いと思いますので，事例を紹介していきます。

まず，世界的に有名なのは，グーグル（Google，企業名はアルファベット），アップル（Apple），フェイスブック（Facebook，サービス名と企業名をMetaに変更），アマゾンドットコム（Amazon.com）のIT企業4社です。頭文字をとってGAFAと呼ばれます。

この4社の株式時価総額は，最近ずっと世界トップ10の上位を占めています。株式時価総額は企業価値を示す数字で，日本のすべての上場企業をはるかに上回っています。大学生でこの4社を知らない人は，おそらくいないでしょう。

この4社の創立は，アップル（1976年）以外は比較的新しく，アマゾンが1994年，グーグルが1998年，フェイスブックが2004年です。1990年代後半のインターネットとデジタル化の波に乗り，世界で急成長したのです。この4社は，10年ほど前までは，ベンチャー企業（あるいは元ベンチャー企業）と呼ばれていました。

日本にもベンチャー企業が数式市場に上場した成功事例は，数多くあります。**図表19-2**は，学生が知っていそうな企業の例です。

例えば，楽天グループは，売上2兆円近くの巨大企業ですが，設立は1997年です。兵庫県出身の三木谷浩二社長は銀行に勤務していましたが，1995年の阪

図表19-2　上場に成功したベンチャー企業例（設立年）

楽天グループ株式会社（97）：ネットショッピングモール
株式会社サイバーエージェント（98）：インターネット広告
株式会社ディー・エヌ・エー（99）：モバイルゲーム
株式会社アイスタイル（99）：化粧品の情報サイト（アットコスメ）
エムスリー株式会社（00）：医師向け情報プラットフォーム
株式会社ビズリーチ（09）：有料登録制の人材サービス
株式会社メルカリ（13）：フリマアプリ
⇒　10〜15年前に入社していたら，とても楽しいはず！

神・淡路大震災で親戚や友人を亡くし，「人生は有限だ。残された時間にやりたいことをやろう」と考え，起業したそうです。

　サイバーエージェントは，インターネット広告専門の広告代理店として，従来のマスメディア（テレビ，新聞など）が中心のビジネスモデルを変革し，オンライン広告のトップ企業になりました。エムスリーは，製薬企業が医師向けにオンラインで情報を発信するプラットフォームで，「医療×IT」のトップ企業です。

　最後のメルカリは，フリーマーケットのアプリで，使っている人も多いと思います。設立は2013年，そこからわずか5年で2018年に上場しました。創業社長の山田進太郎氏は，保有株式評価額が1,000億円を超え，話題になりました。

　このようなベンチャー企業に，今から10〜15年前に入社した人は，とても楽しかったのではないかと想像します。会社が成長するダイナミズムに触れられ，それぞれの社員も成長でき，毎日が充実していたのではないでしょうか。

　ちなみに私は，東京大学の理系学生の就職支援をしていましたが，最近の東大生のトップ層には，ベンチャー企業が人気です。東大の場合，教授や若手研究者が設立した大学発ベンチャーがたくさんあり，身近な先輩も多いこともあります。

　経済産業省の「令和4（2022）年度大学発ベンチャー実態等調査」によると，2022年10月末時点で，大学発ベンチャー企業は3,782社，そのうち東京大学が最多で371社（前年比42社増加）です。ペプチドリーム（ペプチドを応用した医薬品開発），ミクシィ（SNS），ユーグレナ（ミドリムシの活用），PKSHA

Technology（深層学習），のように上場した企業も多くあります。

　政府も大学も，新ビジネスの成功を後押ししています。もし成長軌道にのったベンチャー企業に出会うことができれば，安定性や給与面のリスクはよく考えたうえで，新卒または数年後の転職先として，前向きに考えても良いと思います。

3　起業するには：社会ニーズを解決するアイデアをベースに

　大学を卒業してすぐ，または数年後に起業する人も増えています。大企業に勤めれば，定年まで安心という価値観が変化しているためでしょう。国や自治体も積極的な起業支援策を打ち出しており，起業に関する相談や，資金調達がしやすい環境が整ってきています。

　起業するには，ビジネスのアイデアが必要です。そのためには，社会ニーズに目を向けるとヒントが得られます。社会ニーズには，「身近な困りごと」と「世の中の困りごと」があります。

　「身近な困りごと」とは，自分や家族，友人が困っていることです。周囲をよく観察してみるとよいでしょう。自分自身のイライラや怒りの原因を考えるのも1つの方法です。イライラの後ろには，何かスムーズに事が進まない課題が隠れている可能性があります。

　「世の中の困りごと」には，少子高齢化，労働生産性の低下，人手不足，環境汚染など，より大きな社会課題があります。新聞やビジネス雑誌は，社会課題の宝庫です。自分の働いている業界周辺の課題を考えると具体的に解決すべきテーマが見つけられるかもしれません。

　経済産業省の外郭団体である中小企業基盤整備機構のホームページに掲載されている，学生が自分の経験を活かした起業事例を2つ紹介します。

　まず，秋好陽介氏が2008年に設立したランサーズ株式会社は，2019年に東証マザーズ市場（現グロース市場）に上場しています。秋好氏は，大学時代にウェブサイト製作，ウェブコンサルなどのネットビジネスで個人事業主を経験しました。その後，就職し，発注側の立場になり，仕事の受託者，発注者それ

ぞれの立場を経験しました。発注者側となった会社では「スキルの高い個人に仕事を依頼したいが，信用度が低いため，社内の許可が下りない」ことで苦労しました。そこで，受注したい個人と法人をサイト上でマッチングするクラウドソーシングサービスのビジネスモデルを思いつき，起業しました。

　2つめは，仲暁子氏が2010年に設立したビジネスSNSのウォンテッドリー株式会社です。仲氏は大学時代に仲間と起業しましたが事業は上手くいかず，外資系金融機関に就職しました。就職後，約2年で退職し，漫画家を目指しました。しかし，プロデビューは叶わず，試行錯誤の末，日本の漫画を世界に発信するウェブサービスを作りました。漫画のウェブサービスをきっかけに，他のサービスをつくりはじめ，「こんなものがあれば役に立つのに！」という想いから，ビジネスSNSのウォンテッドリーが生まれ，2017年に東証マザーズ市場（現グロース市場）に上場するまでになりました。

　このように，若者が身近な社会課題を解決するために起業し，成功した事例は数多くあります。

4　社会起業，NPO設立：人生100年時代の選択肢の1つ

　社会的課題を解決するには，株式会社として起業する「社会起業」と，非営利組織として「NPOを設立」するアプローチがあります。ここでは7つの事例を見ていきます（**図表19-3**）。

① 　株式会社ボーダレス・ジャパンは，社会起業の代表例です。「ソーシャルビジネスで世界を変える」ことを目指し，社会起業家が集まるプラットフォーム会社として2007年に設立されました。現在，貧困，環境，教育などに関する問題を解決する47の事業を世界16ヵ国で展開中です。

② 　みんな電力株式会社は，電力自由化の流れにおいて，太陽光・風力・水力・バイオマスなどにより発電されている再生可能エネルギーの電力供給を行っています。自分の使いたい発電所を選ぶ仕組みもあり「顔の見える電力サービス」を展開しています。新エネルギーに関しては，他にも多くの企業が設立されています。

図表19-3　社会ニーズを捉えた起業

①株式会社ボーダレス・ジャパン：ソーシャルビジネスを展開
②みんな電力株式会社：再生可能エネルギーの電力供給
③株式会社ワーク・ライフバランス：働き方改革を推進
④NPOフローレンス：病児保育を推進
⑤NPOキッズドア：子供の貧困問題への対応
⑥NPOファザーリングジャパン：笑っている父親の育児参加を推進
⑦NPO16歳の仕事塾：高校生向けキャリア授業

③　株式会社ワーク・ライフバランス（WLB）は，まだWLBという言葉が
広く知られる前の2006年から，一貫して「働き方改革」を推進していま
す。31歳で起業した小室淑恵社長は，男女共同参画や長時間労働是正に
関し，政府や国会に意見を求められる専門家として有名になっています。
私もこの会社の認定コンサルタントとして，民間企業や医療機関（病
院）の働き方改革の支援をしています。

④　NPO法人フローレンスは，病気や障がいのある子どもの保育サービス
を展開しています。創設者の駒崎弘樹会長は，大学卒業直後の2004年，
病児保育の社会課題を解決しようとこのNPOを立ち上げました。日本
の社会起業の先駆者の1人です。

⑤　NPO法人キッズドアは，日本の子どもの貧困問題に取り組むため，
2007年に設立されました。家庭の経済的な理由で塾に通えない中学生，
高校生の学習支援や居場所支援を行っています。創設者の渡辺由美子理
事長は，内閣府や厚生労働省の有識者会議にも参画しています。

⑥　NPO法人ファザーリングジャパンは，「笑っている父親を増やそう」を
合言葉に，2006年に発足しました。男性の育児参加や，社会全体のワー
クライフバランス向上を目指し，イベントや啓蒙活動を実施しています。
私もメンバーの1人として，若い世代が幸せに子育てをする支援をして
います。

⑦　NPO16歳の仕事塾は，高校生のためのキャリア授業を行うため，2009
年に設立されました。社会人が自分の仕事のやりがいを説明する授業，

社会人へのインタビューワークショップ，社会人基礎力ワークショップ など多くのプログラムがあります。私も社会人講師の1人として，年に 数回，高校で授業をしています。また，本NPO創設者の堀部伸二理事 長と共著で『16歳の仕事塾　高校生と親・先生のためのキャリアデザイ ン』（中央経済社，2022年）を出版しました。

　このように，株式会社やNPO法人を設立し，社会や地域に貢献する組織は 数多くあります。大学生の皆さんの中にも，社会起業に興味を持つ人も多いと 思います。

　最後に，株式会社とNPO法人の違いについて説明します。この2つの大き な違いは，「組織の目的」です。株式会社は，出資してくれた株主に対して 「経済的利益（株価向上，配当金としての還元など）」を追求することが目的で す。一方，NPO法人は，事業を通じての「社会的利益」の追求が目的です。

　NPOもお金を稼いで利益を出すこと自体には問題はありません。ボランティ ア団体とは違い，事業を黒字化して経営を安定させること，働く人に適正な給 料を払うことも大切です。しかし，NPOは「公益性」と「非営利性（利益を 出資者などに分配しないこと）」が重視されます。主な収入源は，会費，寄附 金，公的な助成金・補助金です。

　したがってNPO職員の給与レベルは，株式会社と比べて低めのことが多い でしょう。フルタイム勤務でも平均年収は250万円程度といわれます。NPOで 働くやりがいは大きいので，若い時期の社会勉強，社会人の副業，あるいはシ ニア世代の仕事としては，人生100年時代キャリアの選択肢の1つだと考えま す。

5　副業の解禁：次のキャリアの準備のために

　本節では，人生100年時代のキャリアを後押しする政府や社会のトレンドに ついて，まとめていきます。

　まず，副業についてです。従来の日本社会では，所属している会社・組織に

すべての時間とエネルギーを捧げることが美徳でした。副業は，兼業農家や実家の仕事を手伝うなど，限られた場合のみに認められていました。

　しかし，日本政府は働き方改革やリスキリングの流れの中で，副業禁止規定があった「モデル就業規則」を2018年に改定し，2020年に「副業・兼業の促進に関するガイドライン」を改定しました。その後，副業を解禁する企業は，少しずつ増えてきました。

　副業を行う従業員のメリットは，収入が増やせる，スキルや経験を積める，起業や転職の準備ができる，のように明らかです。仕事量が増えすぎて，健康やワークライフバランスを損なわないような注意は必要ですが，現在の仕事をしながら，次のキャリアの準備ができることのメリットは大きいです。

　一方，企業にもメリットがあります。従業員のスキルアップが自社の仕事にもプラスになる，優秀な従業員の離職を減らせる，人材不足を解消できる，従業員のモチベーションアップにつながる，などが挙げられます。デメリットとしてよくいわれるのは，情報漏洩リスク，離職リスク，生産性低下リスク（副業で疲れて本業に支障が出る）です。

　大手企業ほどリスク管理に慎重で，副業を認めない傾向がありました。しかし2022年6月には，厚生労働省がさらに踏み込んで，「副業を制限する企業には，理由を開示する義務を設ける」と発表しました。政府が副業を推進するのは，成長しているビジネス分野（IT系，ネット系，ヘルスケア系）に人材を移動させることが主目的です。古い成熟業界に優秀な人材が囲い込まれていると，国家の経済成長にマイナスだからです。

　経団連の調査では，2022年時点で，副業・兼業を認めている企業は53%，今後認める予定が17%で，計70%が認める方向です。今後は，就職するときに，「副業が認められているかどうか」，すなわち「転職リスクをとらずに，時代に合った次のキャリアのスキルや経験を積めるか」も，会社選びのポイントの1つになるでしょう。

6　複業，週休3日制，ワーケーション：働き方の自由度が増す

　副業の進化系としては，いくつかの仕事をバランスよく兼ねる「兼業」や，複数の企業に勤めてどれが本業とはいえない「複業」という形態をとる人も増えています。

　例えば，複業家のパイオニアとして著名な中村龍太氏は，IT企業のサイボウズ社（クラウドサービスの新規開拓）に勤務しながら，自分が設立したコラボワークス社でITの農業への応用（IoT農業）を行いつつ，自営農家も営んでいます。どれも本業で大切なものと考えるため，複業家と名乗っています。

　『複業の教科書』という著書がある西村創一朗氏は，人材コンサルティング会社に勤務しながら，自分の会社を立ち上げ，仕事，子育て，社会活動などをバランスよく実践しました。現在は独立して，複業研究家，働き方改革の専門家として，コンサルティングを行っています。

　複業は，個人事業主のフリーランスに近いですが，会社組織に一部所属している場合は，安定性はフリーランスより増すでしょう。インターネットが普及したおかげで，移動が減って仕事の効率が上がり，世界中で複業的な働き方をする人が増えています。新卒からは難しいですが，将来のキャリアの参考にしてください。

　次に，「週休3日制」についてです。一般的には週休2日の企業が多い中で，週休3日制に移行する企業が増えてきました。ファーストリテイリング（ユニクロ），日本マイクロソフト，佐川急便，Zホールディングス（旧ヤフー），ファミリーマート，大和ハウス工業などがすでに一部の社員に導入しています。

　日本政府の「経済財政運営と基本方針2021年」によると，働き方改革の一環として，週休3日制の促進を企業に促しています。まだ義務化する方針ではありませんが，少しずつ普及していくでしょう。目的としては，ワークライフバランスの向上，生産性の向上，従業員のモチベーションアップ，離職率の低下（採用競争力の向上）などが挙げられます。

　週休3日になると，従業員としては，プライベートの時間が増える，副業・

兼業がしやすい，資格取得などの勉強ができる，仕事のストレスが減る，といったメリットがあります。ただし，給与については，週休2日のレベルを維持される企業もありますが，少し減額になる企業もあります。

　家族の介護や育児を仕事と両立させたい人は，給与が減額しても週休3日にはメリットが大きいでしょう。人生の時期によって，多様な働き方が選択できる企業は，人材獲得の競争力が高まるといえます。

　テレワーク（在宅勤務，広義には会社以外の場所で働くリモートワーク）については，18章で述べているので，ここでは最後に「ワーケーション」について説明します。ワーケーション（Workcation）は，「ワーク（Work，労働）」と「バケーション（Vacation，休暇）」を組み合わせた造語です。観光地やリゾート地で，テレワークを活用し，働きながら休暇をとる過ごし方です。

　2019年に「ワーケーション自治体協議会」が設立され，その後のコロナ禍でテレワークが普及したため，現在は24道県と183市町村が参加して，企業の集まりである経団連とともに，ルール作りなどの議論を進めています。実施形態は，企業によりさまざまです。

　私は外資系企業に長く勤務したので，海外でのマネジャー会議はリゾート地で行うことが多かったです。例えば，欧州での会議は，交通の便がいいフランクフルトやロンドンではなく，デンマークのコペンハーゲン，フランスのリヨン，ギリシャのアテネ，ポルトガルのリスボンといった観光地としても楽しい街が選ばれていました。米国ではフロリダやハワイが人気です。

　会議の前後に休暇をとったり，そのままテレワークで数日間滞在したりすることも会社が認めていたので，私も多くの観光都市で，リフレッシュしながら仕事をしました。日本企業も，北海道や沖縄に出張したときは，その場で数日間，テレワークできる仕組みになると良いですね。

第20章

これからのキャリア開発〜転職，キャリアチェンジ

1　社会に出た後に大事なこと：つらくても，3年はがんばろう

　どんな会社に入っても，新卒1，2年目はたいへんに感じるものです。はじめの研修期間は，同期の仲間もでき，楽しいことが多いでしょう。しかしその後，正式に配属先が決まり，しばらく本格的に仕事をすると，つらくなるのが普通です。社会人になって，これまでとは違う環境で，はじめてのことばかりを経験するので，当然でしょう。

　3人の若手社員の事例です。

- ・大手生命保険会社の営業職，A子さん：入社1年目は何とか過ごしたが，2年目になって本格的な営業活動が始まり，自分には営業は向いていない，と感じる。
- ・大手サービス企業の総合職，B子さん：入社半年で，お客さんからのクレームの多さがイヤになってきた。内定をもらった別の企業に行けばよかった，と後悔し始めた。
- ・大手新聞社の記者職，C男さん：入社1年目で，警察担当の勤務時間の不規則さに疲れてきた。友人がいない大阪での一人暮らしもつらい。

　私はキャリアコンサルタントとして，若手社会人から，しばしばこのような相談を受けます。ここで強調したいのは，「このつらい時期が，人生の頑張りどころ！」ということです。つらい時期には，新しい経験やスキルが身についているのです。この時期を乗り越えると，キャリアの視界が開けるはずです。

　よくいわれることですが，社会人になって2年以内に最初の仕事を辞めると，自分が損をします。人手不足の時代なので，転職先はいろいろあります。転職

エージェントに相談すると，「我慢するより，早く転職したほうがよい」と，甘い話を持ちかけられます。転職エージェントは，人を転職させて，企業から成功報酬をもらうビジネスなので，当然です。ちなみに，転職エージェントの成功報酬の相場は，その人の年収の30％程度です。年収330万円の人なら100万円，年収500万円の人なら150万円が企業からもらえます。

　しかし，個人にとっては，早期の転職はよくありません。２年以内の経験だと，多くの場合，「第二新卒扱い」になり，それまでの社会人経験の価値はゼロに戻されます。悪くすると，どこに行ってもすぐに辞める人だと思われて，マイナス評価になります。

　よほどのこと（注）がない限り，３年は頑張りましょう。最初の会社で３年継続すると，社会的な信用が築けます。また，自分に自信がつき，キャリアを選ぶ自由度が増します。３年経ったら，社内で違う仕事を希望する，あるいは転職を考えるといった選択肢ができます。

　注：「よほどのこと」とは，犯罪に近いようなブラック企業や，倒産しそうで約束した給料がもらえないような場合です。残業が思ったより多い，上司が悪い，といった程度では，辞めると自分が損をします。

2　成功する転職のポイント：前向きな理由があればOK

　最初の会社で３年働いた後は，選択肢が増えます。今の会社・仕事に満足していれば，引き続きその会社で頑張っていけばよいでしょう。３年くらい経つと，違う支店に異動になったり違う職務を与えられたりして，また新鮮な気持ちで仕事に取り組めるかもしれません。

　一方，転職を勧めるわけではありませんが，否定する必要もないと思います。社会人になって３年経ち，方向転換をしたくなったら，転職もあり得るでしょう。ただし，転職するなら，「前向きな転職」が望ましいです。今の仕事から逃げるために転職するのは，「後向きでよくない転職」です。そうではなく，今の仕事よりこの仕事がしたい，もっと成長できる，もっと将来性がある，といった転職が「前向きな転職」です。

　転職でもう１つ大事な点は，「必ず，次の仕事を決めてから，会社を辞める」
ということです。今の仕事をしながら転職活動をするのは，時間的に難しいと
いって，まず辞めてしまう人がいます。これはお勧めしません。なぜなら，会
社を辞めてしまった人に対しては，採用面接をする企業は，「この会社もすぐ
に辞めてしまうのではないか」と，厳しめに評価するためです。

　また，次の会社での条件（肩書や給料など）も中途採用の場合には交渉の余
地が大きいですが，会社を辞めてしまっている人は「安く買いたたかれる」傾
向があります。内定をもらえそうになったとき，「今の会社で満足しているが，
御社ではこんなチャレンジができそうなので，もしご縁をいただけるなら，転
職を考えてもよい」くらいに言えると，交渉が有利になります。ちなみに，私
は５回転職していますが，その度に10%以上，年俸が上がりました。これは，
いつも前職を辞めずに，転職活動をしたためです。

　さらに，もう１点大事なのは，「円満退社を心がける」ことです。世の中は
案外狭く，いろんなところでつながっています。転職先の会社やそのお客さん
が，今の会社でのあなたの評判を調べることは，よくあります。「もう辞める
会社だから」と，勤務態度が悪くなったり，会社の悪口を社内で話したりする
のは，厳に慎みましょう。

　「若い時期の数年間，自分を育ててくれた会社」に感謝の気持ちをもって，
「お世話になりました」と周囲の人にきちんとあいさつしましょう。そして，
「次の会社でもがんばれよ！　応援しているよ！」と明るく送り出してもらう
ことを心がけましょう。

　グローバル企業では，転職する人は「Congratulations on your new challenge!
（新しい挑戦，おめでとう）」と言って送り出してもらえることが，一般的です。
日本ではまだ転職によくない印象をもつ人も多いですが，日本でも転職が当た
り前の選択肢になっていくと良いと思っています。

3　キャリアの方向性を決める：あせらずに30代までに決めればよい

　20歳代のうちに，長いキャリアの方向性が決められるとよいのですが，あわ

てることはありません。最近のキャリア理論では，「自分に合った仕事に，20代までに出会えることは珍しい。30代にやりたい仕事の方向性が決まる」（淑徳大学人文学部・杉原麻美准教授）ともいわれます。

　最初の仕事を始めてみて，社会人としての経験・スキルを蓄積しながら，3年後くらいまでの理想の姿を，仕事とそれ以外の生活で考えていくとよいでしょう。3年後に理想の姿に近づくために，この1年に具体的にやるべきことを，アクションプランとして書き留めてみましょう。例えば，次のような項目が考えられます。

〔仕事に関するアクション例〕
・営業で，もっと大きな顧客を担当するために必要な知識・スキルを習得する
・仕事を効率化するため，時間管理が上手な先輩の方法をマネしてみる
・自分で考えた企画を提案したいので，提案力を上げるためのオンライン講座を受ける
・営業からマーケティング部門に異動したいので，マーケティング基礎の本を数冊読む
・海外顧客を担当できるように，年内にTOEICの点数を100点上げる

〔仕事以外に関するアクション例〕
・運動不足なので，週1回，ジョギングする
・パートナーがほしいので，出会い系サイトに登録する
・好きなアーティストのライブに年3回行くことでリフレッシュする

　このように，3年後のありたい姿に近づくため，何かアクションを始めてみましょう。その中から，自然な流れで，5年後，10年後の理想の姿が見えてくるとよいと思います。

　ちなみに，30歳を超えると，学校歴（どこの大学で，何を勉強したか）は，あまり関係なくなります。学校歴よりも，社会に出てから約10年の間に，「どんな仕事をして，どのようなスキルを身につけたか」のほうが重要になるからです。学校歴にイマイチ自信がない人も，社会に出てから10年の努力で自分の価値を上げることができます。

4　これからのキャリア開発(1)：スポーツ選手のデュアルキャリア

　20歳代後半から先のキャリア開発を考える参考になるのが，最近のスポーツ選手へのキャリア支援です。スポーツ庁（室伏広治長官）は，2017年から「スポーツキャリアサポートコンソーシアム（SCSC）」というキャリア支援の仕組みを立ち上げました。目的は，いろいろな競技のトップアスリートの引退後のキャリア支援です。

　スポーツ選手は，トップレベルになるほど，現役選手の間は，その競技に全力を尽くすべきと考える傾向がありました。しかし，アスリートには必ず，第一線を退く時期が来ます。ごく一部の選手は，指導者になったりして，競技の延長で生活できますが，ほとんどの選手は違う仕事を探さなくてはいけません。

　プロ野球，大相撲，サッカーJリーグなどは，プロスポーツとしての歴史もあり，引退後の選手のキャリア支援をそれなりに行ってきました。それでも，プロ時代の派手な生活レベルを落とせず，お金に困り，社会的な問題を起こす選手もいました。

　スポーツ庁では，オリンピック競技などのアマチュアスポーツ選手のキャリア支援を主目的として，2021年から「アスリートキャリアコーディネーター（ACC）」を育成するプログラムを開始しました。私もACCの認定資格を取得し，スポーツ選手のキャリア支援を始めています。

　この活動のポイントは，①スポーツで培ったスキルは，社会人として必要なスキルが多くあることを自己認識してもらうことと，②競技をしながら，次のキャリアを考え始める「デュアルキャリア」を支援することです。

　①については，**図表20-1**が英国の研究者が発表したスポーツ選手が身につけていることが多く，他の仕事でも役に立つ「10のクロスオーバースキル」です。日本で「トランスファラブルスキル（移転可能なスキル）」といわれるもののアスリート版です。アスリートは，このような素晴らしいスキルをもっていることを自覚し，自分の引退後のキャリアに自信をもってもらうのです。

　②の「デュアルキャリア」とは，競技をしているときから，次のキャリアや

図表20-1　アスリートが身につけている能力
特に役立つとされる10のクロスオーバースキル

Winners （勝利思考）	Adaptable （適応力）
Recovery （乗り越える力）	Determined （達成力）
Communicators （コミュニケーション能力）	Growers （成長思考）
Motivators （意欲的）	Disciplined （自己管理力）
Composure （冷静さ）	Team Players （協調性）

出典：The top 10 crossover skills from sport to employment（UKスポーツ, 2016）

人生全体のキャリア目標を考え始めることです。早い時期から，時間を割いて，できる範囲で次のキャリアの準備を始めることを支援しています。

　最近では，デュアルキャリアの良いお手本（ロールモデル）も増えてきました。

・プロサッカーの本田圭佑選手は，現役選手のうちから，カンボジア代表のGM（実質的な監督）を引き受けたり，ビジネスを立ち上げたりしています。

・2019年ラグビーワールドカップで活躍した福岡堅樹選手は，W杯後には医師を目指すことを公言し，医学部に合格しました。

・世界柔道の女子78キロ超級金メダルの朝比奈沙羅選手は，24歳のとき，医学部に入学し，医学生としても競技を続けています。

・プロサッカーの浦和レッズで活躍した鈴木啓太選手は，現役時代からセカンドキャリアを意識し，引退後すぐ，腸内細菌を活用した商品開発企業を設立しました。

・男子フィギュアスケートのトップ選手だった町田樹選手は，もともと読書家で，引退後は早稲田大学のスポーツ科学大学院に進み，博士号を取得し，研究者になりました。

・女子ボクシングの入江聖奈選手は，日体大4年で東京五輪金メダルを取っ
　た後，好きだと公言していたカエルの研究をするため，東京農工大学大学
　院に進みました。

SCSCのホームページには，他にも多くのアスリートのセカンドキャリア事
例が掲載されています。そこで多くの人がおススメしているのが，選手時代か
ら毎日30分は，競技以外のことに時間を使うことです。例えば，競技以外の人
と会う，試合の移動時間に本を読む，海外の大会で英語コミュニケーションを
できるように準備する，といったことでもよいのです。

アスリートではない普通の人も，毎日30分，現在の仕事以外のことに時間を
使うことで準備すれば，30歳代くらいまでは，いくらでもキャリアチェンジが
できるのです。

5　これからのキャリア開発(2)：芸能人のリスキリング（学び直し）

最近は，社会人の途中で，大学や大学院に入学し直し，リスキリング（学び
直し）をする人が多くなっています。高校生の人数が減っていることもあり，
多くの大学が社会人学生に門戸を開き，夜間や週末だけで卒業できるコースを
用意しています。

私自身も，31歳のとき，英国の経営学大学院で修士課程を修了し，そのおか
げで，コンサルティング会社や外資系企業へのキャリアチェンジが可能になり
ました。ここでは，芸能人の事例を挙げてみます。

・いとうまい子さんは，1964年生まれで，アイドル歌手でした。大学に入学
　しましたが，多忙のため中退。ITへの興味があり，2010年（46歳），早稲
　田大学に入学し，予防医学とロボット工学を学びました。2016年に大学院
　で修士を取得。その後，博士課程へ進み，現在はタレント業と並行してロ
　ボットの研究開発も行っています。
・菊間千乃さんは，1972年生まれで，フジテレビのバラエティ系アナウン
　サーでした。番組レポーターとして大けがをして，別のキャリアを考え始
　めました。テレビ局に勤めながら夜間の大宮法科大学院へ通い始め，2010

年，38歳で司法試験に合格し，弁護士になりました。

・田村淳さんは，1973年生まれのお笑い芸人です。ロンドンブーツ１号２号として売れっ子になりました。40代で法律を学びたくなり，大学進学を目指しました。2021年（48歳），慶應義塾大学大学院メディアデザイン修士を取得しました。

・菊池桃子さんは，1968年生まれで，アイドル歌手でした。2012年（44歳），法政大学大学院政策創造専攻で修士を取得。子どもが障がい児であったことからキャリア教育の活動も開始しています。

・恵俊彰さんは，1964年生まれのお笑いタレント，司会者です。大学受験で３浪後，お笑い芸人を目指し，ホンジャマカとして成功しました。2023年，早稲田大学大学院スポーツ科学研究科の修士を取得し，活動の幅を広げています。

　若い時期には大学に行くことができなくても，やる気さえあれば，大学や大学院で学び直しをするチャンスはいくらでもあることがわかりますね。

6　仕事のやりがいとは何か：『３人のレンガ積み職人』の話から

　本書も終盤に近づいてきました。ここで，私が企業のキャリア研修で「あの話はとてもよかった，部下のみんなに聞かせたい」と多くの社会人にいわれた話をご紹介します。

　これは「仕事のやりがいとは何か」を考えさせられる有名な話です。『３人のレンガ積み職人』という話で，もとはイソップ寓話で，経営の神様といわれるピーター・ドラッカーが引用したことでも知られます。

『３人のレンガ積み職人』

　中世のヨーロッパで，ある旅人が町はずれの工事現場で，レンガを積む作業をしている職人たちに出会いました。旅人が１人めの職人に「何をしているのですか？」と聞くと，「親方の命令でレンガを積んでいるんだ。辛い仕事でイヤにな

るよ」と答えました。

　旅人は2人めの職人にも「何をしているのですか？」と同じ質問をしました。すると2人めは「レンガを積んで壁をつくっているんだ。大変だが，給料はいいからやっているんだ」と答えました。

　旅人は3人めの職人にも「何をしているのですか？」と聞きました。すると3人めは「教会の大聖堂を作っているんだ。完成すれば，自分が死んだ後も，多くの人がここでミサや結婚式や葬式で祈りを捧げるだろう。多くの人の心の拠り所になる，こんな仕事に就けて，自分は幸せだ」と答えました。

　3人のやっている仕事は同じですが，「志」が違います。1人めは言われるからやっているというだけです。2人めはお金のために働いています。しかし3人めは，目的意識をもって仕事をすることで，大きなやりがいを感じています。3人めの職人のように自分の仕事を捉えられると，どんな職業でも自分が楽しく働くことができ，結果として周囲に認められていきます。

　ここで，「仕事のやりがい」について，私自身の仕事について振り返ってみます。私の最初の仕事は，「農薬の開発」でした。このときは，「これまでより少ない量で，より安全に効果が発揮できる農薬を開発することで，農家がラクになり，世界の食糧問題に少しでも貢献できる」と考えていました。

　診断機器の会社に勤めていたときには，「最先端の診断機器を導入することで，多くの人の病気を予防できる」ことをやりがいに感じていました。現在のキャリアコンサルタントの仕事では，「学生や社会人にキャリア形成を考えるヒントを与え，各自が納得する就職・転職を支援する」ことをやりがいに感じています。

　学生の皆さんは，志望企業の業種，知名度，給与などに目が行きがちです。それだけではなく，その仕事のやりがいについても考えていくと，自分に合った仕事に出会う可能性が高まると思います。

　例えば，「新しい製品を提供し，世の中を便利にする」「仕事を通じて，お客様を笑顔にする」「誰かの役に立つことを実感する」など，仕事にはさまざまなやりがいがあります。ぜひ時間をとって，「自分にとって，仕事のやりがいは何か」を考えてみましょう。

7　自己効力感を高める

　変化の激しい時代に対応するには，自己効力感（Self-efficacy）を高めることが必要です。自己効力感とは，「ある結果を達成するために必要な行動を，上手くできるように思えること」です。簡単にいうと，自分が「何かをやれそうな気持ち」のことです。カナダの心理学者アルバート・バンデューラが，1986年に提唱しました。自己肯定感と似ていますが，自己肯定感が「自分を認める，自分に満足している」感情であるのに対し，自己効力感は「自分にはきっとできる，と考えられる」感情です。

　この両方が大切ですが，人が行動をするときには，この自己効力感が大きな影響力をもちます。例えば，仕事で難しい状況に置かれたとき，自己効力感が高い人は，どうにか自分の力で乗り越えようと現実的な方法を考えて行動に移そうとします。一方，自己効力感が低い人は，不安や心配が心を支配して，自分には無理だ，やっても無駄だと決めつけてしまい，有効な行動が起こせなくなります。

　自己効力感は，生まれつきもっているわけではありません。後天的に鍛えることができます。自己効力感を生み出す基礎となるのは，次の4つです（**図表20-2**）。

①成功体験：自分がこれまでに何かを達成・成功した経験は，最も強い影響力があります。勉強，部活，アルバイト，ボランティア活動などでほめられたり，上手くできたりしたことを思い出してみましょう。その成功体験は，「自分は，やってみれば何とかできる」という気持ちを高めることにつながります。

②代理学習：お手本になる人（ロールモデル）が何かを達成することを観察し，「自分でもやれそうだ」と思うことです。親，兄弟姉妹，友人，同僚，身近な先輩などが上手く仕事をしていると，自分もできる気がします。本や雑誌に掲載された事例でも，映画やドラマの登場人物でも構いません。

図表20-2　「自己効力感」を高めよう

自己効力感とは，「ある結果を達成するために必要な行動を，
うまくできるように思えること（何かをやれそうな気持ち）」。
次の4つの要素が影響を与える。

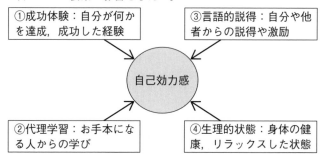

①成功体験：自分が何か
を達成，成功した経験

③言語的説得：自分や他
者からの説得や激励

自己効力感

②代理学習：お手本にな
る人からの学び

④生理的状態：身体の健
康，リラックスした状態

出所：アルバート・バンデューラの理論をもとに作成

③言語的説得：自分に能力があることを言語的に説明されることです。自分
　　や他者からの説得や激励の言葉により，「自分ならやれそう」という
　　感覚をもつことができます。誰かから「あなたなら大丈夫」と言って
　　もらえると効果的ですが，自分で「私ならできる」と言い聞かせるこ
　　とでも，プラスに働きます。逆に，「自分では無理だ」といった否定
　　的な発言は，マイナスに作用します。

④生理的状態：身体的に健康で，精神的にリラックスした状態にすることで，
　　楽観的で，前向きな気持ちが高まります。逆に不健康な状態だと，否
　　定的な感情になり，何かができるという気持ちが低くなります。

　就職して社会人になったばかりだと，上手くいかないことがほとんどです。
学生まではお金を払うお客様の立場ですが，社会人はお金をもらう立場になる
ので，学生の頃より何でも難しく感じるのは，自然なことです。したがって，
「自分なら何とかできる」と考えられるように自己効力感を高めることはとて
も重要です。

　ただし，自己効力感は，単に高ければ良いというものではありません。実際
の能力と自己効力感が同じ程度であると，人は「自分に自信をもつ」状態にな
り，精神的に安定します。つまり「適度なレベルの自己効力感」をもつことが，
キャリアを望ましい方向へ導くのです。

Column 就活について，よくある質問への回答

Q．インターンシップ（IS）は何社ぐらい行けばよいですか？

　オンラインでも短くてもよいので，3年夏までに，3〜5社に参加することをお勧めします。1〜2社は志望度が高い業界，残りは興味がでるかもしれない業界で，社会科見学だと思って，気楽に参加するとよいでしょう。ISに参加することで，自己理解，仕事研究を早く始めて，就活モードに入れることが最大のメリットだと思います。3年秋からは，ISという名目の企業説明会なので，興味ある業界への積極的な参加を勧めます。

Q．就職に有利な資格はありますか？

　どの仕事でも有利な資格というのはありません。もし何か勉強するなら，個人的にはTOEICをお勧めします。今の時代は，どんな仕事でも英語ができて損をすることはありませんので，まず600点，できれば700点以上が目標です。

　不動産なら宅建，金融なら簿記2級やファイナンシャルプランナーがありますが，これらは，就職後に勉強すればよいと思います。IT系のエンジニア職に興味ある人は，ITパスポートがお勧めといわれています。オンラインでプログラミングを独学してみるのもよいでしょう。

Q．筆記試験対策はどうしたらよいですか？

　基本的には，中学までの国語，数学，（英語）です。時間がなくてあせるので，志望業界がよく使う試験を調べ，まず1冊買ってやってみましょう。特に，中学までの数学が苦手な人は，復習するとよいかもしれません。マスコミは，国語や時事問題に高いレベルが求められるので，かなり勉強が必要です。

Q．就活エージェントをどう思いますか？

　最近増えている，新卒向けの就職エージェントは，1つの方法ではあります。ただし，エージェントは，成功報酬なので，学生が内定を断ると1円にもなりません。品の良くないエージェントだと，いわゆる「オワハラ（就職活動を終われという圧力）」になることもあります。オワハラを気にせず，別の企業に行きたければ，そのエージェント経由の内定を辞退する勇気が必要です。

Q．公務員試験について，詳しく知りたいです。

　公務員にはいろいろな職種（国家・地方公務員，警察官，消防官，自衛官，など）があります。本などで調べたり，若手公務員に聞いたりして，自分が本当にやりたいかどうかを自問自答しましょう。

　地方公務員の場合，地方自治体によって，採用人数，倍率，試験方法が異なります。一般的に，首都圏周辺は5倍以上の高倍率です。試験勉強については，大学や外部の講座を受講することが早道でしょう。

　志望理由は，民間と同様に大切です。「安定しているから」という理由だけだと，面接で通りません。「その自治体」に「このように貢献したい」という強い思いを示すことが必須です。自治体のホームページを見て，都市計画などで「この地域をこのようにしたい」というプロジェクトの場所に足を何度か運び，「自分が職員になったら，こんな仕事をしたい」と語れるように準備する必要があります。

　「公務員のみ」に絞るのは，危険なのでお勧めしません。公務員の内々定は7月頃と遅く，もしそこで不合格だと，民間企業の選択肢が少なくなるからです。早めに民間企業にも内定をもらっておくと，安心して公務員試験に臨むことができます。

Q．内定は，複数もらってもよいのですか？

　内定は，たくさんもらうことが目的ではありませんが，複数から選ぶの

は普通のことです。内定は早ければ3年秋から冬にもらえます。経団連に所属していないIT系企業，外資系企業，ベンチャー企業などは，早く内定を出します。早期に1社から内定をもらっておくと，年明けの就職活動は本命の業界だけに集中できるメリットがあります。公務員や教職，大学院にチャレンジする人も，これがお勧めです。

　早期に内定をもらうデメリットは，特にありません。ただし，1社に内定をもらって安心してしまい，本命企業への意欲が低くなってしまう人も，ときどきいます。

Q．面接で「当社は第何志望か？」と聞かれたら，どう答えるのがよいですか？

　面接の場では，常にその会社が第一志望（の1つ）という姿勢で臨みましょう。お付き合いしたい異性の前では，「あなただけ」と言うのと同じです。タテマエと本音を使い分けるのは，社会人になるための心の準備でもあります。

　もし2社以上の行きたい会社に内定をもらったら，「仕事選びのポイント」で自分が重視する項目を一覧にして比較表を作成してみましょう。各項目を◎，○，△，×のように評価してみると，自分の考えが整理できます。

Q．内定辞退の期限と方法は？

　法的には，卒業直前の3月31日までは，内定は断れます。憲法で定められた職業選択の自由です。ただし，倫理的には，2月末くらいまでには決めましょう。メールだけではなく，できれば電話で，「こういう理由で別の会社に行くことにした」と，誠意をもって謝罪しておきましょう。ただし，決めた会社名は，辞退する会社には言わないほうがよいでしょう。自分が決めた会社について，ネガティブなことを言われると，心が揺らぐからです。

お わ り に

　人間の寿命が長くなり，「100年生き，そのうち60年働く時代」といわれます。一方，グローバル化，テクノロジーの進化，少子高齢化などにより，社会が急速に変化しています。そのため，多くの大学生は，将来に何となく不安を感じています。

　私はこれまで，人材開発コンサルタントとして，数千人の大学生や社会人の就職・転職の支援をしてきました。また，企業研修講師として，数百社の社会人のリスキリング（学び直し）をお手伝いしてきました。

　私自身，社会に出てから，図らずも6回の転職を経験し，必ずしも順風満帆ではありませんでした。試行錯誤でキャリアを形成した経験を，少しでも多くの大学生のお役に立てたいと考え，本書を執筆しました。

　本書が大学生や若者，その保護者やキャリア指導の方々の参考になることを願っています。

参考文献リスト

『LIFE SHIFT（ライフ・シフト）100年時代の人生戦略』リンダ・グラットン他　東洋経済新報社

『40歳からの実践的キャリアデザイン　20人の先行事例に学ぶ』菊地克幸・小倉克夫・山岸慎司　中央経済社

『16歳の仕事塾　高校生と親・先生のためのキャリアデザイン』堀部伸二・山岸慎司　中央経済社

『キャリアコンサルティング　理論と実際』木村周　（社）雇用問題研究会

『キャリアアンカー』エドガー・H・シャイン　白桃書房

『その幸運は偶然ではないんです！』J.D.クランボルツ他　ダイヤモンド社

『キャリア・コンストラクションワークブック』安達智子・下村英雄編著　金子書房

『プロティアン』田中研之輔　日経BP

『リスキリング』後藤宗明　日本能率協会マネジメントセンター

『会社四季報　業界地図　2024年版』東洋経済新報社

『日経　業界地図　2024年版』日本経済新聞出版

『7つの習慣』S．コヴィー他　キングベアー出版

『リーダーのための「レジリエンス」入門』久世浩司　PHPビジネス新書

『複業の教科書』西村創一朗　ディスカヴァー・トゥエンティワン

【著者紹介】

山岸　慎司（やまぎし　しんじ）

人材開発コンサルタント，企業研修講師。東京経済大学非常勤講師（キャリア関連講座）。
元東京大学キャリア支援専門職員。東京大学大学院農学系修士，インペリアルカレッジロンドン経営学修士（MBA）。
三菱ケミカル，経営コンサルティング会社，複数企業の経営メンバーを経て独立。国家資格キャリアコンサルタント，ワークライフバランス認定コンサルタント，スポーツ庁管轄アスリートキャリアコーディネーター（ACC），日本ソフトテニス連盟専門委員。
日本キャリア開発協会（JCDA），日本キャリアデザイン学会，日本キャリア教育学会に所属。
著書『40歳からの実践的キャリアデザイン〜20人の先行事例に学ぶ』『16歳の仕事塾〜高校生と親・先生のためのキャリアデザイン』（共著，ともに中央経済社）。
ポッドキャスト音声番組『2030年のキャリア戦略』
ホームページ：https://yamagishi-shinji.com

成功する就活の教科書
──幸せな人生のキャリアのために

2024年3月20日　第1版第1刷発行

著　者	山	岸	慎	司
発行者	山	本		継

発行所　㈱中央経済社
発売元　㈱中央経済グループ
　　　　パブリッシング

〒101-0051　東京都千代田区神田神保町1-35
電話　03（3293）3371（編集代表）
　　　03（3293）3381（営業代表）
https://www.chuokeizai.co.jp

印刷／㈱堀内印刷所
製本／㈲井上製本所

© 2024
Printed in Japan

＊頁の「欠落」や「順序違い」などがありましたらお取り替えいたしますので発売元までご送付ください。（送料小社負担）

ISBN978-4-502-49421-5　C3034

40歳からの
実践的キャリアデザイン
20人の先行事例に学ぶ

菊地 克幸・小倉 克夫・山岸 慎司 著
Ａ5判・224頁

　本書は、キャリアチェンジ（狭義には転職）だけを勧めるものではなく、人生の中頃で自分のライフプランを考えるきっかけとしてもらうことにある。

　多忙なビジネスパーソンが網羅的にキャリアを学び、実践的にキャリアデザインを考えられる内容となっている。

**本書を
おすすめ
します！**

16歳の仕事塾
─高校生と親・先生のためのキャリアデザイン

堀部 伸二・山岸 慎司 著
Ａ5判・196頁

　キャリアのために大切なのは、あらゆる先入観・固定観念から自由になることだ。

　高校生の頃に、本当に重要な情報にもとづいた決断ができれば、どんなに不確実な未来でさえも、かならずワクワクが待っている。

　自由になるための確かなヒントや経験が、この本には凝縮されている。

中央経済社